影像香巴拉纪实美文丛书

影像香巴拉

神佛共居

张春文 著

陕西新华出版传媒集团
三秦出版社

图书在版编目（CIP）数据

影像香巴拉. 神佛共居 / 张春文著. —西安：三秦出版社，2021. 3

(影像香巴拉纪实美文丛书)

ISBN 978-7-5518-0470-7

I. ①影… II. ①张… III. ①散文集-中国-当代②摄影集-中国-现代 IV. ①I267②J421

中国版本图书馆CIP数据核字(2020)第101161号

影像香巴拉·神佛共居 / 张春文 著

出版发行	陕西新华出版传媒集团　三秦出版社
社　　址	西安市雁塔区曲江新区登高路1388号
电　　话	（029）81205236
邮政编码	710061
印　　刷	陕西龙山海天艺术印务有限公司
开　　本	889mm×1260mm　1/32
印　　张	7. 375
字　　数	168千字
版　　次	2021年3月第1版
	2021年3月第1次印刷
标准书号	ISBN 978-7-5518-0470-7
定　　价	68. 00元

网　　址　http://www.sqcbs.cn

大香格里拉圈示意图（局部）

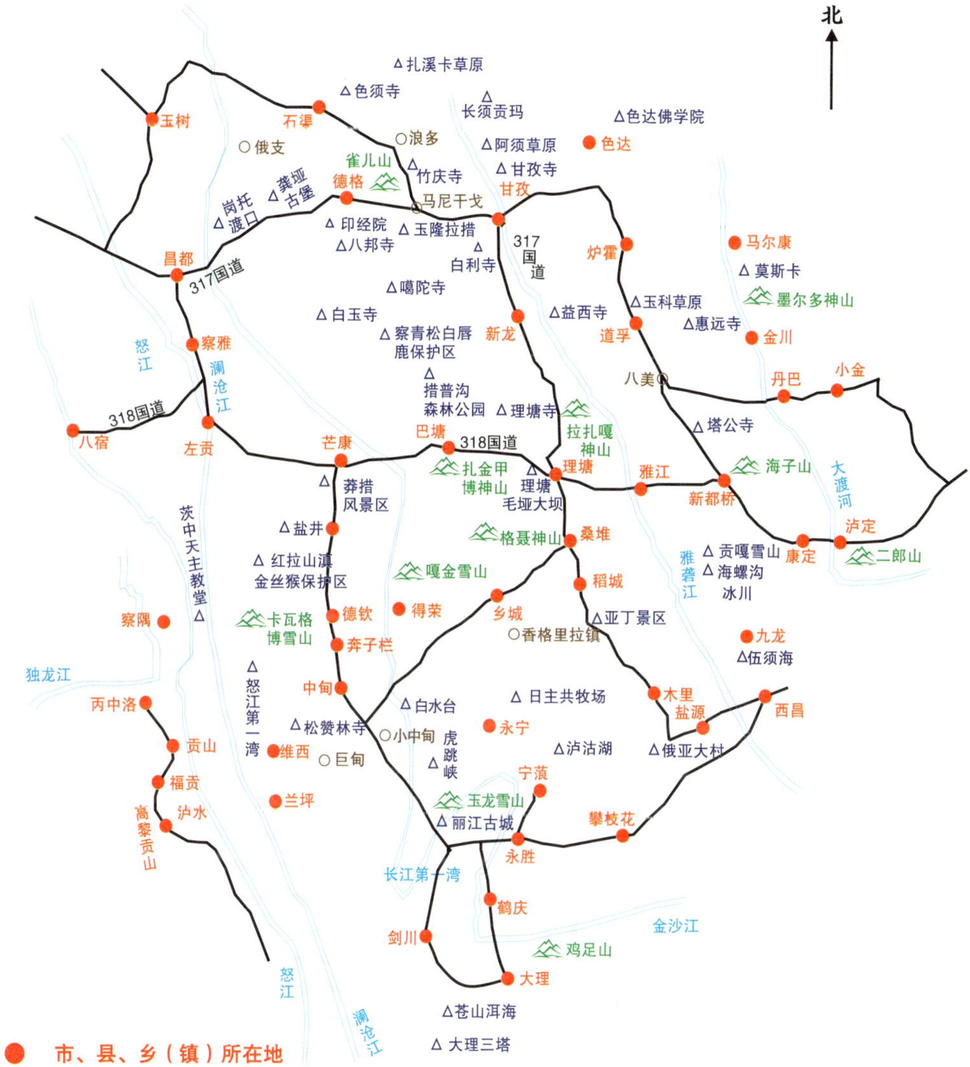

● 市、县、乡（镇）所在地

○ 著名小镇

△ 著名景点

江河

— 国道、省道

山峰

前言

丹巴嘉绒村寨

《大藏经》里多处讲到一个在佛教中被称为净土的彼岸世界，一个菩提修成的清净之所——香巴拉王国。经书中说，这个王国被八座莲花瓣状的雪山环抱，那里风景美丽，有草地、森林和湖泊；那里骏马无数，牛羊成群，物产丰富；那里的民众个个身材高大且长寿，他们信仰佛教，不贪不痴而富有理性；王国中央耸立着迦罗波王宫殿，释迦牟尼曾向香巴拉王朝的第一世国王苏禅德喇传授时轮密法……有说法认为，这个王国是佛教的预言；也有说法认为，这个王国是几千年前的真实存在。那么，它存在于什么时间呢？佛经中还有这样的记述：香巴拉第一王朝第一位国王苏禅德喇之后有6位国王，而后的第二王朝共有25位国王，第12位国王叫库里卡，统治时期在公元960年前后，等等。那么，这个王国曾存在于哪个地方呢？

香巴拉是藏语的音译，也译为香格里拉。英国作家希尔顿于1933年出版的小说《消失的地平线》中，以雪域高原的自然风光和民俗风情为参照，虚构了一个迷人的地方，叫“香格里拉”。这个文学中的仙境，让当时文化观、价值观激烈膨胀的西方人受到了极大的冲击，他们沉浸于发现“文明世界”之外的“新大陆”的兴奋中。因此，希尔顿的小说和以此改编的电影在西方红极一时，许多人为寻找香格里拉或蠢蠢欲动或付诸行动。之后，物质文明的畸形发展引发了西方人精神的陷落，他们疲惫而迷惘，企望找到精神的乐园。于是，他们再次把目光投向神性的香巴拉，投向文学的香格里拉。他们相信东方的雪域高原上有一个真实的香格里拉曾经存在。于是，香格里拉成了一个世界性的话题，许多人苦苦地寻找，并在寻找中衍生出许多童话般的奇闻和故事。

人们在寻找中发现，喜马拉雅山脉以北的雪域高原处处若世外仙境一般，尤其是在西藏、云南、

四川、青海四省区的交会地带，佛教中的“香巴拉王国”和文学里的“香格里拉”所提及的诸多自然景观和人文现象随处都可以找到。于是，这片高原地带就被称为香巴拉（香格里拉）。这就是我们现在所说的康巴藏地。

康巴藏地是一片广袤而美丽的高原，是造物主创造的自然殿堂。这里，地形地貌复杂多变，气候类型多样，生物种类纷繁；这里，多条大江南北纵贯，构成了众多峡谷走廊奇观，座座雪山峰峦突兀，宛若上界的琼瑶仙宫，众多湖泊星罗棋布，如同镶嵌于高原的一颗颗翡翠；这里，森林、草地、溪流、鲜花、蓝天和纯净的空气构成的意境，使苍凉冷峻的高原幻化出几分婉约和诗意；这里，梅里雪山、玉龙雪山、贡嘎冰川、金沙江流、怒江峡谷、石渠草原、得荣谷地、亚丁山水、迪庆高原……处处奇景圣

巴塘县措普沟风光

境都是造物主的杰作，蕴含着雄奇而绚烂的魅力；这里，处处圣境都被赋予了美与丑、善与恶的价值观念，从而渗入人们的血液，融进民族的文化。

康巴藏地多条大江南北纵贯形成的一条条峡谷，是古代游牧民族迁徙的通道。先民们在迁徙途中滞留下来，与当地土著融为众多民族。在这里，康巴汉子英勇强悍，纳西女子勤恳耐劳，独龙民族敦厚坚韧，怒族子民纯朴诚信，他们有刚毅的性格、丰富的智慧和不懈的创造精神。他们享受着雪山和阳光的赏赐，放牧于高原、农耕于河谷，创造了气象万千的文明景象：农耕文化、游牧文化、部落文化、氏族文化、牦牛文化、火祭文化、土司文化、古道文化、丧葬文化、生殖文化、医药文化……种种民族历史文化，闪烁着沧桑而绚烂的光芒。

康巴藏地是各种宗教相容共居之地。除了外来的佛教、基督教、天主教、伊斯兰教和道教外，还有萌发于本土的纳西族东巴教、普米族汗归教、怒族原始宗教、彝族传统宗教等。这些诞生于本土的古老宗教，各放异彩，同时又有共同的特征：崇拜祖先、崇拜自然，相信万物有灵。这些本土宗教在开展宗教活动的同时，也担负着传承本民族历史文化的使命。在众多宗教中，藏传佛教占有主体地位。藏传佛教以其超越

丽江黎明风光（王寿林　摄）

一切的力量把根须深深扎进了康巴藏地。在这里，佛教精神家喻户晓，家家设经堂，户户供神佛，建筑、服饰、戏剧、美术、歌舞，无不有佛教的影子，藏族人民的人生观、价值观和道德观，无不融进佛教的精神；在这里，巍峨的寺庙、高耸的佛塔、飘扬的经幡，构成了高原上独特的风景，还有那布满山岭沟谷的玛尼堆上，精美的石刻六字真言，令人读到生与死的哲理；在这里，人们与佛结下了永久的情缘，佛教的宏大主题贯穿于漫长岁月，贯穿于人们生活的方方面面，那些善男信女身挂护身符，手摇转经筒，向神灵和苍天祈求吉祥，更有虔诚的朝圣者，三步一叩首地磕着长头，用肉身丈量着走向灿烂前景的漫漫长途。

康巴藏地是英雄格萨尔征战用武的疆场，至今都留存着格萨尔及众多岭国人物的遗迹。在这里，有关格萨尔的传说、戏剧、石刻和绘画数不胜数，更有史诗《格萨尔王传》以其浩繁的篇幅而成为世界史诗的奇迹。格萨尔的英雄主义精神，渗进了一代代藏族人民的血液，滋养了他们的心理、气质和性格。

康巴藏地是一个建筑艺术的博物馆，那些土石木竹的精巧组合，各有风格，各具形态：雄伟的寺庙建筑、华美的道孚民居、庄重的木雅碉房、简约的金沙江畔木楞房、别具一格的中甸闪片房、精巧的怒江峡谷干栏式建筑等，无不凝聚着各民族丰富的智慧和精湛的技艺。

康巴藏地是一个巨大的服饰艺术展演台，千奇百怪的服装和饰品，令人眼花缭乱：康藏女子珠光宝气的华贵服饰、傈僳族女子的欧勒帽和缀满饰品的外衣、怒族女子缀满珊瑚和铜珠的头饰、怒族男子佩挂长刀和箭包的装束、独龙族男女色彩艳丽的披毯、勒墨人形若喜鹊的外装、苗族记录先民历史的服饰图案……五彩缤纷的穿戴，体现了各民族丰富的想象力和个性化的审美。

稻城仙乃日雪山

纳西族三月初五的东巴法会（王寿林　摄）

康巴藏地是歌舞的殿堂，各族子民个个是歌舞的高手，他们把激情宣泄于天地之间，他们的生命在歌舞中行进。藏族的锅庄舞和弦子舞、傈僳族的四声部合唱、怒族人的原始摹拟舞蹈、茶山人的“绕棺舞”、拉玛人随兴即唱的开尼、勒墨人的古歌、怒族人唱给猎神的颂词、东巴祭师吟诵的史诗……种种歌舞反映了沧桑的民族历史，表达了对生与死的哲学思考，也抒发了面对生活和人生的炽热感情。

康巴藏地是一个奇异风情和纯朴民俗的荟萃之地：扎坝峡谷和泸沽湖畔的走婚习俗、白玉县父系社会的遗风、怒族持续三天的婚礼、茶山人独特的求婚仪式、傈僳族惊心动魄的刀杆节、拉玛人的“拜日旺”祭祖节、独龙族与宾客共饮“同心酒”、怒族独特的迎宾宴、彝族传统的火把节……种种民俗风情蕴含着丰富的寓意，体现了他们的历史文化和生活观念。

这就是香巴拉——静穆的高原山水和异彩纷呈的文化共同构成的一片雪域乐土，一种诗意尚未被世俗荡涤的意境，一种与物欲、伪饰和贪婪相排斥的意境。当人们正在

巴塘弦子（王秋蓉　摄）

贪婪地攫取财富甚至把神山圣水矫饰一番贴上商标的时候，当物欲把人们诱惑得浮躁不安，以至于纯朴、平静、诚信被渐渐覆盖的时候，香巴拉，一个纯粹如斯的地方，以其自然之美和文化之美所构成的世外桃源般的意境，依然是鲜而不朽的。

香巴拉，让人走进造物主创造的美到极致的自然殿堂！

香巴拉，让人感受到自然与人文的圣洁之美、沧桑之美、诡谲之美！

香巴拉，让人远离浮躁、扰烦，走进明净而高远的境界！

影像香巴拉·神佛共居

CONTENTS 目录

神佛共居
影像香巴拉
SHENFO GONGJU

藏传佛教寺庙（陈学积　摄）

呈异彩　多教共居

雪山耸立、大江纵横的迪庆地区，栖居着多个少数民族，他们世代相承，创造了五彩缤纷、气象万千的人文瑰宝，其中最为夺目的莫过于各民族的宗教文化。在迪庆共有9种宗教相容而居，各呈异彩，使这片土地成为世界宗教文化的一片神奇而罕见的土地。

9种宗教是：藏传佛教、本教、东巴教、傈僳族原始宗教、普米族汗归教、基督教、天主教、伊斯兰教、道教。这9种宗教中，占据主体地位、信众最多的当然是藏传佛教。这种宗教是世界上保存最完整的佛教，被认为是印度佛教的完整继承。藏传佛教自传入之时起，就以其宏大的气势和超越一切的力量，把根须深深扎进迪庆这片土地。早在明清时期，仅迪庆香格里拉市就有宁玛派寺庙90余座。现在，迪庆境内仍有藏传佛教寺院24座，其中格鲁派13座，噶举派7座，宁玛派4座。佛教教义在迪庆家喻户晓，人人皆知，建筑、服饰、节庆、戏剧、民歌、绘画和人生礼俗，无不打上佛教的烙印，藏族人民的人生观、道德观无不受到佛教的渗透。走进迪庆高原，立刻会感受到浓郁的佛教氛围，高山峡谷、村头路口，到处可见的是经幡、佛塔、玛尼堆，家家屋里有经堂，行人个个手拿转经筒，神山圣水处处可见转山的信众。

藏传佛教在云南迪庆最大的寺庙是松赞林寺。这座寺庙在整个藏区都有举足轻重的作用，被誉为小布达拉宫。这是清康熙皇帝和五世达赖所敕建的藏区十三林之一，也是云南境内最大的格鲁派寺庙。该寺荟萃了藏族佛教文化的精华，佛教氛围浓郁，建筑宏大，远看如城堡，主殿上层为镀金铜瓦，底层大殿宽敞，有108根楹柱，可容纳1600人趺坐诵经。殿内历代文物极为丰富，有五世达赖和七世达赖时期的八尊包金释迦佛像、贝叶经、黄金灯，还有五彩金汁精绘的唐卡等，五世达赖赐名噶丹·松赞林寺。另一座大寺庙是云南省德钦县境内的东竹林寺。该寺建于1667年，原名冲冲措岗寺，意为仙鹤湖畔之寺。初期为噶举派寺院，后被兼并改宗为格鲁派，属格鲁派康区十三林之一，也是康南的佛教文化活动中心，在康熙年间名声远扬，朝廷每年给有赏赐和关照，国库也曾给银扩建，僧侣最多时达700人，活佛10人。寺内文物众多，有珍贵的佛像、经典、佛塔、法器，有堪称稀世珍宝的弥勒佛法轮造像、红铜镀金白度母像等，有长8.5米、宽5.2米的由五彩丝线精织而成的护法神像。该寺还有1943年竣工的红铜镀金弥勒佛像，有三层楼高。该寺1985年重建，现在规模宏大，布局合理，每年举行大法会，展示护法神像，届时僧侣人士云集，场面壮观至极。

本教在古象雄王朝创立，吐蕃

祭祀（王寿林　摄）

祭祀图案

势力在迪庆屯兵时，在军中推行本教，本教遂在迪庆传播。清以后，本教日趋衰弱。现在，本教在藏、纳西和普米族中有传播。该教有原始宗教色彩，重自身的人格修为，常于僻静山洞中静坐修炼，同时也重视祭祀和丧葬仪式。

东巴教是纳西族全民信仰的宗教。该教源于原始宗教，以祖先崇拜、鬼神崇拜、自然崇拜为基本内容。东巴教与世俗文化融为一体，教义往往与经验、知识、历史和习俗相互渗透。该教传说中的始祖丁巴什罗，修行地在迪庆香格里拉市的白水台。东巴教的祭师也是东巴文化的传承人和教授者，在民众中地位较高，平日融入群众中，不脱离农事。他们被视为与鬼神沟通的媒介，能驱鬼、降福、消灾解困。东巴教的法事极为复杂，每年有十多次法事活动，做法事念诵的经文为古老的象形文字所写。该教没有寺庙和组织，没有教规，宗教仪式主要有：祭祖、祭天地、驱鬼邪、

东巴教神柱

东巴祭师（王寿林　摄）

多种宗教繁衍出五彩缤纷的文化和习俗，将这片土地装点得异常美丽，也为这片土地蒙上了一层神秘的色彩。

祈福消灾、超度亡灵等。

傈僳族的原始宗教，主要特征是对氏族祖先的图腾崇拜和自然崇拜。尼扒祭师为众人举行各种祭祀活动，他们被视为与鬼神的沟通者，可看见鬼，能用咒语来驱鬼、杀鬼，祭祀时念诵的祭词为民歌体长诗，这些长诗多为本民族传承下来的历史文化。尼

扒祭师也会应约为人卜卦，预告凶吉。傈僳族宗教认为，山、河、树林、岩石、道路、房屋等都是有灵的，人只有与神鬼和谐共处，方可平安。

普米族汗归教的特征是自然崇拜、鬼神崇拜和祖先崇拜，巫师（祭师）被称为“汗归”。汗归教认为万物都是有灵的，天上日月星辰，地上山石树木、花草流水都是有灵的，都会对人产生作用，人的生老病死与周围的环境有关。汗归教另一主要内容是祖先崇拜，重视祭祖仪式，认为祭祖可换来平安。

此外，迪庆还有基督教、天主教、伊斯兰教和道教。基督教于20世纪30年代传入迪庆，在傈僳族栖居区发展较快。教堂与民居区别不大，仪式与国外相同。天主教于清道光年间（1821~1850）传入迪庆，其教堂为巴斯利卡式建筑，也融入了部分中国风格，属“中西结合”。目前开放的教堂有四座，教徒近千人，以汉族、纳西族为主。伊斯兰教在13世纪蒙古势力进入迪庆时传入。清雍正年间（1723~1735），山西、陕西和云南其他地方来此开矿的人多为回族，促进了该教的传播。现在在德钦县和香格里拉市都有清真寺。道教在德钦县曾经存在，1949年前自四川传入，建有三官庙，供有观音娘娘、太上老君、土地公公、龙王，1958年拆除。

在迪庆，多种宗教多种教派相容共居，和谐发展，这在世界宗教史上都是一个奇迹。在迪庆，你会常常见到这样一种情况，一家人你信仰这种宗教，我信仰那种宗教，相互不加干涉，呈现出其乐融融的氛围。多种宗教繁衍出五彩缤纷的文化和习俗，将这片土地装点得异常美丽，也为这片土地蒙上了一层神秘的色彩。

占卦师（多吉彭措　摄）

鬼灵 游荡的峡谷

栖居于横断山高山峡谷的古代先民，只能凭他们有限的知识去解释世界。所以，面对自然和生活中的种种复杂且神秘的现象，就会冥想出各种各样的鬼魅和神灵，由于族群的独立和高山的封闭，各部族集团创意出的鬼神系统各不相同，五花八门。这些鬼神都具有超人的力量，是祸福的制造者，令人畏惧，对其只能敬而远之。敬而远之的唯一办法是献以祭祀，奉以祭品。久而久之，就形成了本土的原始宗教。

自公元8世纪以后，东西方多种有雄厚理论作支撑的宗教相继传入横断山区域，却并未挤兑掉这些朴素而幼稚的原始宗教。西方洋教也曾在横断山有过苦心经营，但山神、河鬼、树灵这些冥想中的存在，也并未被上帝所取代。

傈僳、怒、独龙、普米等民族都有自己古老的原始宗教，各民族原始宗教的神鬼系统和祭祀程序各不相同，但都有这样的共同特点：以自然崇拜为根本，认为天地同万物都是有灵的，日月星辰、风雨雷电、山川河流、树木花草、飞禽走兽，无不是神灵或鬼魅的替身，无不与人的生存有密切关系，人要保魂护体、趋利避害，就要祭祀这些神灵和鬼魅。

栖居于横断山脉纵谷地带的傈僳族，原是北方古氐羌族群的一支，曾历经四次迁徙才来到今天的驻地。面对群山的险峻和深谷的诡谲，他们感到生命的脆弱，于是就产生了自然崇拜意识，认为万物都有鬼神依附，他们称鬼神为“尼”，山神为“米斯尼”，天神为“加尼”，路神为“古尼”，岩神为“亚尼”，水神为“艾都斯尼”，老年人的神灵为“尼莫”，家里的神为“海挂尼”，血的神为“恰尼”，等等。诸多神灵有善恶之分，如诸事不利，灾祸降至，身体不康，就是各种鬼神所致，就必须请巫师举行祭祀仪式，做祈祷，供祭品，以换取恶神的让步和退却。对待像天神这样的善神，则可在年节或一些特定时候予以祭祀，目的在于请求保佑。

怒族信仰的宗教很多，有天主教、基督教、藏传佛教等，但原始自然宗教始终是他们全民信仰的最基本的传统宗教。怒族原始宗教中鬼神很多，也分为善恶两大类。一类是崇拜和敬仰的神灵，存在于自然之中，如水神、猎神、庄稼神等。人们在年关节庆或重大活动时，要主动设祭向神灵表达敬仰和愿望，以求得到保佑和庇护。如旧时狩猎前就要祭祀山神或猎神，以求保佑能打到猎物，祭祀时献以山神喜欢的白米、鸡蛋、美酒、荞麦等食品，并向山神吟诵赞美的祭词：“尊敬的猎神，尊敬的善灵，你是多么叫人崇拜，你是多么让人欢喜……”另类为恶神（或称鬼灵），是制造灾福和病痛的根源，如岩鬼、水鬼、家鬼、夜鬼、树鬼、路鬼、吊死鬼、饿死鬼等。如果被恶鬼纠缠，就要对其祭祀，祭祀时主人献以祭品，以求换来恶鬼的让步，巫师吟以祭词目的在于驱除或斩杀。在吟诵祭词的同时，巫师要做出与恶鬼较量的寓有象征意义的动作。比如，主人得了关节炎，巫师就要挥刀驱赶“关节炎鬼”。其动作是：左手持把刀，将刀立于凳上，右手以镰刀背刮擦，边刮边念，最后将刀扔出门外。如肚子痛，巫师就边念祭词边以刀锋刮病人的腹部。

独龙族人的原始宗教中没有鬼与神之分，鬼即是神，神亦是鬼。众多鬼神中除天神（天鬼）之外，其余都为“反面形象”，人们对其只有畏惧而无崇敬。独龙人认为，他们栖居的地方无处不有鬼灵，积雪的山头、阴湿的峡谷、幽静的密林、高高的悬崖、咆哮的河水，到处都有鬼灵的存在。这些鬼灵被统称为“卜郎”，让人浑身病痛的鬼叫“汪江卜郎”，让人头痛眼痛的鬼叫“藏马卜郎”，让人感冒咳嗽的鬼叫“里江卜郎”，让房屋失火的鬼叫“克尔木卜郎”，水鬼叫“热活卜郎”，此外还有猪的鬼、狗的鬼，各人还有各人的鬼。只有对这些恶鬼贿赂以祭品，献以富有劝解说服意味的祭词，才能使其远离。祭词软硬兼施，如：“我们杀鸡了，别闹别打好好地去吃肉吧，我们备酒了别吵别闹，饱饱地去喝吧！如果不听我的话，我们要支起扣子，用弩射死你！用刀子杀死你……”

有“高山白人”之称的普米人也相信万物有灵，他们信仰的神灵也很多，“天上有神三十三，地上有神二十八”，这些神灵中有善恶之分、男女之分，善神带来吉祥，恶神只能带来灾难。对善神要祭祀，如祭山神、祭龙王、祭祖先神。每年正月十五和七月十五举行的祭山神活动是最重要的祭祀，届时全寨献祭品，巫师诵经，众人围山转圈。祭龙神在沟边、水边举行，目的是要龙神不要放出恶鬼纠缠人畜。普米人称祭师为汗归，于是这种以自然崇拜、祖先崇拜的宗教就被称为汗归教。

各种祭祀仪式都由巫师主持。傈僳族巫师分“尼扒”和“尼古扒”两种。前者法术要高些，能看见鬼灵，能主持重要祭祀仪式，能用咒语驱除各种恶鬼。后者虽能占卜，也能驱鬼，但看不见鬼灵，只

这是羌族释比作法使用的图经，这些图案都是根据典故、传说和当地著名事件而创作，有积极的意义

独龙族剽牛仪式（张北星　摄）

傈僳族“尼扒”的祭祀活动（和文琴　摄）

能主持一般的仪式。怒族巫师除“尼玛”和“尼玛扒”两种外，还有“尼庞”和“衣谷苏”。彝族巫师被称为“毕摩”，他们不仅是鬼神的代言人和神判的执行者，还是通晓彝文经典的文化人。独龙族巫师则因身上所依附的鬼灵的不同而名称不同。独龙族还有较多的女巫师，她们面刺蝴蝶图案，耳坠竹制饰品，平日与常人无异，在为人作法治病时摇铃击鼓，赤脚舞蹈，颇有几分神秘。各民族的巫师不仅能主持各种不同的祭祀，会吟诵各种冗长的祭词，还会在祭祀中做出一些一般人不能解释的绝技表演，从而使人相信他们的确有非凡的法术。如用舌头舔烧红的铧尖，用牙叼起烧红的铁链狂舞，赤脚在火里行走，赤脚踩刀刃，把鲜红的火炭放在嘴里咀嚼，等等。这些举动为他们蒙上了神秘的色彩，人们相信他们是人与鬼的沟

神佛共居
影像
香巴拉
SHENFO GONGJU

通桥梁，需要消灾、治病、招魂、占卜、择日等，都要向他们求助。巫师为人祭祀做法事时，一般是不收取费用的，通常只接受一些礼物。

祭祀各类鬼神都要供献祭品，鬼神有别，祭品也各不相同，主要是这样几种：酒、肉、鸡、鸡蛋、白米、荞麦等。祭祀对象不同，祭词的内容也不同，有的侧重歌颂，有的侧重诅咒，有的侧重表达愿望和诉求。祭祀的场地，随祭祀的对象和内容不同而不同，有时在家中，有时在山林，有时在河边，有时在公共场合。祭祀也是一个迎送鬼、招待鬼并与之共餐的过程。在以鸡祭鬼神时，使用的是血和鸡毛，鸡则被烫之、破之、烹之。巫师祭祀程序结束时，鸡肉也差不多煮熟了，巫师就要宣布：“分食祭品，人鬼共享。”于是，大家陪鬼神美餐一顿。

如果人得了病或遇大灾难，用一般祭品祭祀不足以满足鬼神，就要以牛为祭。在一些例行的重大祭祀活动中也使用牛祭，如独龙族就有在卡尔江哇节剽牛祭天的传统。剽牛的人家要提前承办，全村寨都会参与。剽牛的人家要提前请巫师、备酒菜、准备祭台和剽牛场。待乡亲们穿着新衣从四面八方赶来时，主人家要牵着披有麻布毯的牛绕房屋转三圈，边转边向崖鬼和天鬼祈祷，之后，将牛拴在剽牛场中央的木桩上，众人也随锣鼓节奏绕场起舞。这时两名喝过酒的巫师手

羌族释比作法时使用的法器

傈僳、怒、彝、羌、普米等多民族祭师作法时都会做一些危险刺激的动作以显示鬼神的力量。上刀山过火海是一种最普通的方式。图为羌族释比表演的“上刀山”

持竹矛绕牛边舞边念咒语，念完咒语后举矛向牛前胸两侧猛刺，直到其倒地死亡。这时主家及众人上前祈祷后便动手肢解牛体。巫师手持剁下的牛头继续绕场跳舞，口中念念有词。其他人剥掉牛皮后，将牛肉切为若干小块平均分配各家，牛头则归巫师，牛内脏及血当场煮食。分得牛肉的乡邻也送些酒或粮食，既是祝贺，也是回报。

傈僳、怒、独龙等民族的原始宗教中，鬼神的观念是相对单纯而幼稚的，没有错综复杂的体系，没有谱系明确的序列，更没有复杂深刻的理论系统。即使在同一宗教中，各地的巫师对同一种鬼神也有不同的解释和不同的祭祀程序，甚至还有相互矛盾的地方。总的来说，原始宗教都是发展不完备的宗教，都只是脆弱生命面对强大险恶的自然的无奈。

古老的东巴教

东巴在祭祀时插在地上的木牌画，上绘人神和动物，内容来自东巴经

东巴教是纳西族全民信仰的原始宗教：初创于3世纪，形成于7世纪。这种宗教在形成过程中曾受到藏族本教，汉地道教、佛教的影响，但依然保持了它固有的本质特征：笃信万物有灵，崇拜自然，崇拜多神。这种宗教视日月星辰、风雨雷电、江河山川、草木鸟兽等为有灵之物，进而创造出了天神、地神、星神、雷神、山神、火神、水神、谷神、人的生命神等。此外还有被拟人化了的冥想中的神祇，如最大的神萨利威得，其次有威宙洪姆、依古阿格、恒迪瓦盘等，女神有盘孜莎美等，武神有九头格空等，护法神有东格、优麻等。

东巴祭祀仪式（王寿林 摄）

众多神灵分别主宰着上界、人间和地下三个层面，构成了序列复杂、系统完备的神灵系统。东巴教没有寺庙，没有统一组织，没有专职的神职人员，却有统一的祖师，有完整的宗教经典和祭祀程序。这种宗教以为人禳鬼驱邪、占卜问事、超度亡灵、祭祀天地、消灾祈福等为职责。主持并实施各种祭祀的祭师被称为东巴，他们通晓诵、祭、禳、消各种仪式，能诵读象形文字的经书，能写会画，会卜算历法，会跳东巴舞，会一些杂技，通常都被人尊为导师、参谋、顾问、礼宾和卜者。古代东巴还具有专司性，因其司职的不同而分为天象东巴、五方东巴、家族东巴等。古代的司职东巴，往往是协助氏族首领或部落酋长主持祭祀、做礼仪法事、出谋划策的“国师”式的角色。后来这种司职界线逐渐模糊，一名东巴就可

纳西东巴祭祀（张北星 摄）

主持多个种类的祭祀。祭祀仪式种类很多，仅祈福类仪式就有11种，如祭天、祭星、祭畜神、祭猪神等。

东巴教有系统完整的经文，这些经文是用东巴象形文字书写，纳西人称之为“斯究鲁究”，意为刻在木石上的痕迹。这种文字由表意的象形符号、表音的假借字和附加符共同构成，有1600多个，创始之初就用以书写东巴经书。东巴经书写在树皮加工的厚绵纸上，左边装订，横长不足1尺，竖宽不到3寸，封面以图为饰，内容书写从左到右，每页3行，书写的墨为锅底烟或松明燃烧后的烟灰拌以猪胆汁，笔为竹片削尖而成。东巴经的主要内容为宗教经文，分为10大类，分别是：祭山神龙王经、除秽经、祭风经、消灾经、开丧经、超荐经、超荐祖师什罗经、退口舌是非经、求寿经、零杂小经。

另有一些为世俗文献，内容涉及医学、军事、天文、哲学、社会、农业、地理等。还有一些供东巴作法时吟唱的经文，本身又是文学作品，有创世史诗《创世纪》、战争史诗《黑白战争》、爱情史诗《鲁般鲁饶》等。如祭风经中的《挽歌·买寿岁》就以一个荒诞的故事表达了生与死的哲理。故事是这样的：一个金银满仓的富翁有天去金沙江淘金，从水波中看见自己已两鬓斑白，很沮丧，决计以财富买回长寿，然后他走遍很多地方都没找到卖寿岁的人，就悲伤地大哭起来。当他返回故乡时，发现湖水已干涸，柳树已枯萎，万物都已衰老了，突然他领悟到生老病死是大自然的法则，领悟到死是人之必然的道理，于是他笑嘻嘻地回到了家中。这个故事含义很深刻，像《庄子》《列子》的寓言一样动人。东巴是东巴经的解读者，他们在传承东巴宗教经典的同时，也传承了东巴的历史文化。另外，东巴教的祭祀仪式中，还使用大量的东巴画、东巴舞和东巴音乐，作为

东巴万神园里的神柱

东巴就必须掌握这些音乐、舞蹈和美术，这就使东巴们成了熟悉东巴文化艺术的全才，因而也被人们称之为智者。

东巴教的发祥地被公认为是云南省香格里拉市白地峡谷的白水台。白水台是个美丽的峡谷，那里群峰叠嶂、松林苍翠，更有一处白石景观令世人称奇。白石为泉水中碳酸氢钙不断堆积而成的层状台，平若镜，状若梯田，鳞次栉比。从上而下，白石构成了五处景观：银珠翻花、晚镜映天、仙人遗田、玉女显灵、银水游龙。从下向上看，像一座汉白玉砌成的琼瑶仙宫。从远处望去，整个白水台则像一颗光华四溢的明珠。相传纳西先哲丁巴什罗把白水台作为修行地，在那里开始创造东巴象形文、编写经书、收徒传教，被后世尊为东巴中的最高智者。后有被尊为第二代圣祖的阿明什罗，在白水台对面山上的一个岩洞里收徒传教，使东巴教形成系统，成为完整的原始宗教，所以白地峡谷就成了东巴教的发祥地。千百年来，各地的东巴都把到白地朝圣、拜师作为一生的夙愿。他们认为“没到过白地不算真正的东巴”。他们来到白地后，不仅要在圣祖修行的地方烧香诵经、举行朝拜祭祀仪式，还要举行拜师仪式，请白地东巴向他们传授东巴教的经文、仪式和艺术的种种知识。

东巴木牌画，内容来自东巴经

在玉龙雪山南麓玉峰寺一侧，青松环围、芳草茵茵，背后是巍峨的玉龙雪山，前面是广阔的大坝。正是晴天，碧空万里、白云飘飘，雪山众多，峰峦一字排开，如一条银色巨龙，雄伟壮丽。东巴万神园就坐落在山麓广阔的斜坡面上。

这是个有上万尊纳西神灵偶像聚集的神园，展示东巴神话的完整体系。这些神灵来源于古老的东巴经，且涵盖了东巴经中所涉及的所有鬼神，他们个个有出处可查，有名可考，有事实可寻，有形象可辨。在神话传说里，他们各有体系，各司其职，各干其事，有他们的哀怨和期盼，有他们的价值观念。神园将他们集中展示出来，是纳西传统文化的一次大展现。万神园依照纳西先民人与自然的哲学理念，根据先民们对人生和世界的想象，按照天地神明观念中阴阳相应、白黑对应、神鬼对应观念对神鬼偶像进行排阵布局，强调了崇尚自然、敬畏自然、人与自然和谐发展的主题。如此庞大的神园，如此众多的偶像，是纳西传统文化的立体化、形象化展示。整个神园气势宏大、底蕴厚实，魅力无穷，其形式和内容极具特色，有别于世界上任何一个国家的传统神偶和雕塑。

东巴万神园正门有两个巨型图腾柱与雪山主峰形成一条主轴线。轴线上依次排列分布着三个巨型法杖，一幅制作在地面上的神路图，宽6米，长240米，是东巴经中超度亡灵的神路图的放大版。塑有几百个人物（神）和数十种动物，有地狱、人间、神界三个区域，有体量巨大的创世男神、女神及其子女。另有两个神门，三个东巴至尊神。轴线两边广阔的区域，左为神域，右为鬼域，分别雕塑有300多尊自然神、护法神、家畜神及各类风流鬼等巨型木雕。万神园还配套有木楞房、旅游工艺销售部、纳西民俗风俗展演厅、祭祀场等。在民俗风俗园附近，有一巨大的石砌柱子，应该表达的是生殖崇拜，因其造型特别，成为许多男女留影的背景。

传教士的苦心经营

17世纪以后，西方各国传教士陆续到达了青藏高原。17 世纪到18世纪期间，仅罗马天主教耶稣会和卡普清修会，就曾派出30多批130多人进入藏区考察、传教，令人吃惊的是那些美国、英国、意大利、瑞士、土耳其的传教士们竟然没有被雄奇的大山和密布的深谷所阻挡，捧着《圣经》走进了险峻的横断山纵谷地带。那些传教士们无不遇到种种难以想象的艰险和磨难，但他们最终还是把基督教、天主教的根须扎进了那片荒远的土地。至今，在西藏的昌都、芒康，四川的康定、巴塘，云南的迪庆、怒江，都有他们修建的教堂。

传教士最先在康定取得了成功。当时的康定是全国三大商埠之一，是多元文化的交汇之地，康定人以宽容的态度接纳了西方的洋教。传教士们并没有满足于此，他们的目光在向纵深处延伸。1847年，康定的法国天主教会派人西去巴塘及云南迪庆等地活动，去开拓新的据点。1862年，法国神父巴布埃米几经周折终于在金沙江畔的巴塘站稳了脚跟，但由于藏传佛教的根深蒂固，他仅发展了10余名天主

怒江峡谷天主教堂（宋林武　司忠诚　摄）

教信徒。32年之后，基督教势力也相继渗进康定、巴塘等地，美国传教士贝克率先在巴塘建了教堂。1904年后美国牧师浩格登经川滇边务大臣赵尔丰批准，在巴塘租民房办起教堂和基督小学。此后，有意大利、瑞士、土耳其、西班牙等国传教士蜂拥而至。

西方传教士在巴塘不仅传教，还推广他们的价值观。他们以列强子民自居，甚至不断惹出事端，于是引发了多次驱逐洋教的事件。最早的一次“教案”发生在同治四年（1865），当时一名法国传教士前往县城郊外教堂建筑工地的途中，不幸溺水而亡，法国人硬诬是喇嘛所杀，因而引起纠纷，当地人遂驱逐了传教士，焚烧了教堂，拉开了反洋教的序幕。此后几十年中，又发生过多次驱洋教事件，结果都因清政府畏惧西方而做出了令洋人满意的处理。传教士们扎下自己的根须的同时，也为当地带来了新的变化，他们在当地创办学校，开办医院，还传播工业技术、农业技术，引进农作物新品种。这样，洋教在与本土宗教文化激烈碰撞并付出血的代价后，最终沉淀下来并产生了一定的影响。至今在巴塘这个全民吟诵“唵嘛呢叭咪吽”的地方，除有人在念“阿门”，也有少数一些汉族人或藏族人，在他们的名字前加上了“保罗”“约翰”之类的洋名。

茨中天主教堂

栖居于怒江峡谷的傈僳族过去没有体系完备的宗教，所以天主教和基督教都很快在那里拓出了自己的领地。相比之下，基督教的势力更大些，至今傈僳信徒有近千人。但天主教却是先入为主的，位于云南省贡山县白汉洛的天主教教堂就有百余年的历史。这座教堂很著名，因为它的产生伴随着一个有趣的故事。据说白汉洛这地方早先只有四五户人家，其中一家生了6个孩子都相继夭折，一个巫师为夸耀自己的法术，扬言说6个孩子的夭亡都是他施法术所致，结果这家的男人手持砍刀闯进巫师家，砍死了巫师，并携妻逃到澜沧江峡谷中的德钦县茨中村，遂被茨中天主教堂的法国传教士任安守所收留。十年之后，这对夫妇带领任安守回到怒江峡谷的白汉洛，并协助任安守传教，修建了白汉洛教堂。这座教堂至今依然是信众们守望的地方，每

丙中洛天主教活动（张北星 摄）

天早晚都有胸前挂着耶稣十字架或圣母玛利亚像的傈僳信徒们来教堂做祷告，唱颂歌，他们的歌唱是傈僳族特有的五声部无伴奏合唱，此起彼伏，悠扬绵长。

在滇西北，最为著名的教堂要数位于卡瓦格博雪山南麓、澜沧江峡谷西岸的茨中教堂了，虽然它没有欧洲科隆大教堂和朗香教堂的壮观和华丽，但它却是世界上独一无二的。茨中教堂坐落于树木繁茂的半山腰，依山傍水，坐东向西，整个建筑成十字架形，属巴斯利卡式建筑，由大门、前院、教堂、后院、花园、菜园组成。最为奇特的建筑是大门上的钟楼，像雕楼般又细又高，圆拱形的细长门洞和窗户及顶部装饰的十字架，令人想到欧洲的传统建筑，但顶部却不是高耸的哥特式尖塔形，而是一座完全汉式古典木结构的翘檐亭阁。再细看，从门洞到顶部亭阁之间，屋檐外露的檩头和椽头的梯形排列，则是典型的藏式风格。教堂内部就更奇了，廊柱都是西方建筑布局，上面的饰纹彩绘却全是东方的特产，有莲花和云纹图案，有龙凤和花草，而彩绘大量使用青白二色，则又是白族的彩绘风格。屋顶和四壁的装饰画多为汉族建筑中常有，其中又有藏族美术的影子。只有礼拜堂中央供奉的十字架和耶稣像在时刻提醒人们：这是一座天主教堂。如果我们把这座教堂比作一个人

基督徒唱歌（普建雄　摄）

的话，那么他是一个身着西服领带的西方人，只是头上戴着藏式狐皮帽，帽子上装饰了一些汉族和白族的饰品。

在一个村庄，既能看见高高的十字架，又能见到玛尼堆和五色的经幡，既有人在唱圣歌，又有人在摇动手中的转经筒。

茨中教堂的著名，不仅仅是因为建筑式样的奇特，它还有过一段不同寻常的历史，曾给传教士们留下了不寒而栗的记忆。茨中教堂所在地为云南省德钦县燕门乡茨中村，藏传佛教在这里天经地义、根深蒂固，佛教教义家喻户晓，佛教精神早已深深渗进了藏族人民物质生活与精神生活的各个层面。所以藏族僧俗对于陌生的洋教的到来感到惊骇，对于存在于他们故土上的这座怪异的教堂感到不安，加之教堂里两名传教士多有劣迹，从而导致了反洋教斗争的爆发。当时德钦县境内的多座藏传佛教寺庙的僧人与当地群众联合，一举烧毁了澜沧江峡谷和怒江峡谷的多座教堂，茨中教堂不仅被烧毁，传教士余伯南和蒲得元也被打死。对此清政府采取果断措施，派出一千清兵前来镇压，并烧毁了三个佛寺。次年，清政府同法国领事馆签订了赔偿和约，要求当地僧俗每人赔银一两，三个佛寺共赔银二万两，并于1909年在原址重建教堂。重建事宜由法国神父奥拉得主持，不幸的是他在监工时从脚手架上坠落，当场摔死了，后续工程缺乏统一规划设计，各族工匠和画师们，便充分发挥了自己的创意，致使这座教堂成为一座融东西文化为一体的建筑。

这座历经百年沧桑的教堂现在有些寂寞了，但依然保持着它的固有姿态。随着时间的推移，种种偏见和仇视都已烟消云散了，人们终于认识到天国与净土有异曲同工之妙，和谐相处是两种宗教公认的结局。所以，在一个村庄，既能看见高高的十字架，又能见到玛尼堆和五色的经幡，既有人在唱圣歌，又有人在摇动手中的转经筒。

神佛共居
影像
香巴拉
SHENFO GONGJU

彝族寨门

彝族 毕摩

大小凉山的彝族人认为，他们的直系祖先是两千多年前古候和曲涅两支先民支系，早先栖息于云南昭通一带，后来向金沙江上游迁徙而来到大小凉山的。彝族是中华人民共和国成立后民族普查时才有的族名，据说是毛主席给定的，取义于古代礼器“鼎彝”的彝，有丰衣足食之意。历史上的彝族尚武、善射猎。《史记》《汉书》《水经注》等古籍中所说的西南夷，就专指彝族，而“夷”字就是背负弓箭的意思。史书中记载了这个古老民族的习俗特征：“好巫鬼”“善讴歌”“尚黑”“死则烧其尸”。

彝族在漫长的发展过程中，形成了系统的鬼神观念和完备的祭祀程序。实施祭祀的巫师被称为毕摩，他们是人与鬼神沟通的媒介，是神判的代言人，其职责是应邀为人招魂、禳鬼、驱灾、安灵、占卜、合婚、择日、裁判纠纷。每有邀请，他们就前去作法，并能获得一定的报酬。毕摩一般都是男性，多为世家传承，也有极少数为师传。他们熟识老彝文，通晓宗教经典，在群众中享有很高威望。据史料记载，旧时毕摩一般出自仅次于土司阶层的“曲诺”等级家庭，且只能由几个固定的氏族男性成员担任，社会地位极高，即使土司来也可以不让坐，并享有自由迁徙定居的权力，还可在械斗双方的村寨中

彝族毕摩的法器（金沙工作室　提供）

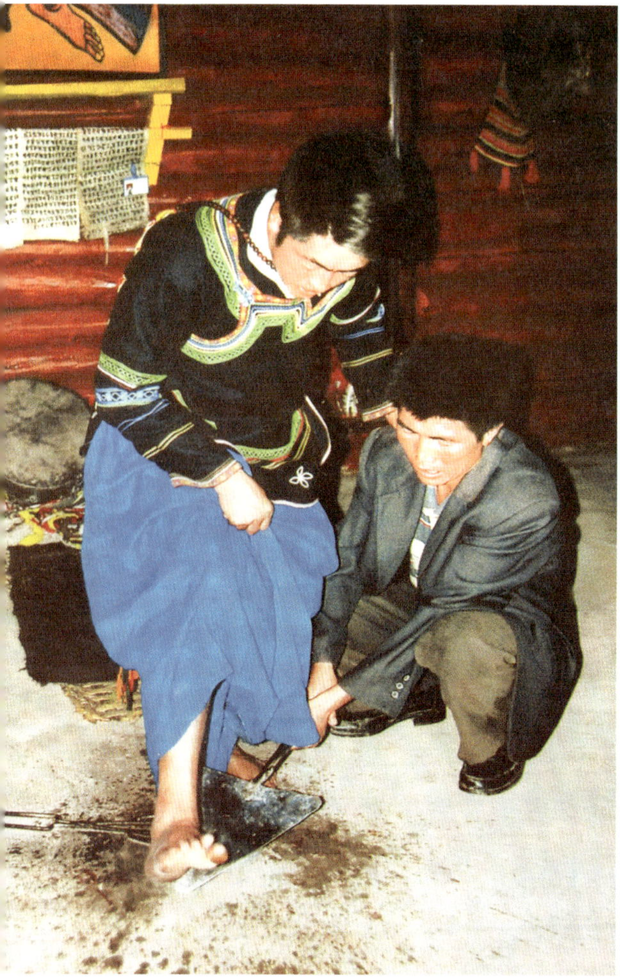

彝族毕摩作法，此动作称为“苏尼特技”（陈春缘　摄）

自由出入。

毕摩作法时，使用的法器很有特点：其一是法帽，像个竹编斗笠，内外缝以黑色毡片，上有突出的圆柱，盘以几层圆形黑色毡片；其二是法扇，也称琴克，竹质，中有木柄，刻绘有虎和鹰的头形；其三是签筒，为一子母竹筒，上端木质鸭嘴状，雕有豹头，内装一把竹制法签，其长约尺半；其四是用竹签蘸炭末和鸡血书写的经书，这种经书是老彝文，一般人都不能读解。

毕摩作法时先口诵经咒，之后抖动身体，猛烈击鼓，且唱且跳，厉声驱鬼，时而轻言细语，时而慷慨激昂。毕摩自己解释这种现象为神灵附身。做法事多在火塘边进行，届时毕摩还会用舌头舔烧红的铁，用手去抓鲜红的火炭，或赤足站在向上的刀刃上，种种表演令观者惊叹，令人相信他们法术的神奇。

毕摩既是宗教仪式的实施者，也是古代传统文化的传承者和传播者，因为彝族的古籍都用古彝文记录，只有毕摩才能解读。古彝文古籍浩若烟海，是彝族的历史和文明成果的记录，内容涉及诸多方面，分为宗教经典、世俗文献和民间文化三大类。世俗文献包括有历史、哲学、文学、军事、自然科学、医学等。如文学和哲学方面就有《物氏源流》《劝善经》《敬老歌》《查姆》《勒俄特伊》等。《查姆》是一部有3500多句的韵文史诗，讲述了彝族传说中万物的起源。《勒俄特伊》是彝族创世史诗，内容包括了彝族神话传说的全部，叙述了天地的形成和演变及人类的起源、繁衍、发展。宗教类经典就更多，有占卜、超度、驱邪、祈福等多个类别。

这些宗教文化和世俗文化，都是古代毕摩们在总结民族文化成果的基础上记录下来的，毕摩们又一代代地传承并向社会传播了这些古代的文明成果。

神佛共居
影像香巴拉
SHENFO GONGJU

刻在
岩石上的秘语

在金沙江东岸从四川甘孜巴塘向北部石渠县行进，沿途近千公里是无终无止的峻岭、峡谷、草地和森林。高原风光壮美而宁静，却也显得冷峻，不免令人产生孤寂感。只有路边随时可见的佛塔、经幡和玛尼石，这些佛教信徒们心意的载体，这些藏文化的符号，在用无声的语言同宇宙交流，使高原变得有了灵性而不再死寂。这些载体和符号中，最令我惊骇而又遐思绵绵的，就是在路边、村头、山垭和灵山圣崖随处可见的玛尼石。

刻在石头上的六字真言

玛尼石是藏族人民特有的石刻，因上面刻有六字真言“唵嘛呢叭咪吽”而得名。六字真言是千手观音的咒语，是佛和菩萨的秘语，在身、语、意三密中为意密的一种。据佛经说，雪域藏地原来妖孽横生，无量寿佛为了利益众生，化身为美妙如意的观音降临，开示大明心咒以救度众生。佛教认为，六字真言可与宇宙沟通，可与自我沟通，拥有巨大的威力。玛尼石上也有刻莲花生大师咒语十二字真言或吉祥颂偈语的，也有刻佛、菩萨和尊者形象的，如释迦牟尼、佛教大师莲花生、噶举大师米拉日巴、格鲁大师宗喀巴等等，还可以刻日月星辰、灵异动物和魔怪的造像。凿刻时根据石头形状灵活设计，巧妙布局，随手凿成，拙中有巧，粗中含雅。其字迹可大可小，大小根据石头而定，可小若手掌，可大至数米，小的都刻在可搬动的小型石块上，大的多刻在山崖峭壁上。在雀儿山东麓，有条从雪山奔流而下的河流，河中挺立着一个个半露半掩的巨石，几乎每个上面都刻有六字真言，远望去字迹清楚，似乎每个石头都能发出声音，令人惊心动魄。

玛尼石多设置在行人必经的路边或被视为灵山圣水的地方。山口道旁时常见到的玛尼堆最初只是几块石头，经信徒们不断添加，日久成堆，有的大若小山丘，有的长达数百米。在康区北部的石渠县草原上有一堵巴格玛尼石经墙，堪称举世罕见的石刻奇观。这堵表达僧俗心愿的石墙长达1700米，高2.5～3.5米，厚2~3米，是由无数块石刻和石刻彩绘石片堆垒而成的，已有数百年历史。石渠县境内还有座历时千年的石经城——松格玛尼，这座高约10米，长宽各百米的古石城，全是由石经石片堆砌的，据说当初是格萨尔王的军队为了超度阵亡将士英灵垒起的玛尼堆，后来人们敬仰英雄，不断为其添加石经，越垒越高，形成了一座石城。更不可思议的是，将数十万乃至数百万字的经书刻在众多石片上，将石片堆垒一体，就成了一本石刻的经书。在四川省新龙县拉日玛神山山麓佛塔群旁侧，不仅有上百座石刻神像排列着，还有一座高10余米的佛塔，是用刻有经文的石片垒砌而成的。那些石片上刻着佛经巨著《甘珠尔》的全文，约有2000万字。这些石刻的石墙石城，透射出一种无语的神秘和沧桑，展示了一种持久不懈的信仰和力量，任何人面对它都会感到刻骨铭心的震撼。

玛尼石是藏区特有的一种文化

玛尼石刻（陈学积　摄）

刻在山岩上的佛像

刻在河谷间岩石上的神咒

现象，据说起源于公元7世纪。当时，吐蕃王朝第33代赞普松赞干布为选择新的王朝地址来到了拉萨河畔，无意中看见投射在巨石上的水的光影形成了六字大明真言，随即有彩虹和佛像显现，他以为是大吉兆，就命尼泊尔工匠将光影景象凿刻在岩石上。此后在石头上刻六字真言和佛像就成了表达心灵语言的最好形式，百姓普遍效仿，历代沿袭不止。

据司机达娃泽仁介绍，刻石出于两种原因：一种是自愿与佛法结缘，自己刻石或替他人刻石，以此表达心愿、积累功德；另一种是家境不顺，诸事不利，或自己生病，或家人去世，就要以刻石来积功德消灾难。刻石前请喇嘛选定要刻的内容，或经文或神像，然后购买石料，请有石刻技艺的手艺人来刻。刻石的人有的是业余，有的是以此为生，四处漂泊，靠赚取的刻石报酬维持生计。对于刻匠来说，刻石既为他人带来吉祥，也为自己积了功德，因而也都自得其乐。我们在甘孜州炉霍县境内见到过几个刻匠，他们独自一人在山谷中的崖岩下叮叮当当地劳作着，身边石片堆积如山，显然是要为人刻凿一本什么经文。达娃泽仁告诉我，有的人家有人亡故了，家人为了超度亡灵，使其尽早在阴间脱离磨难，往往就要请人刻凿祈愿的经文，经文有很多文字，要用数百上千的石片才能刻完。

玛尼石是静默的，但对于藏传佛教的信徒们来说，那些石头是意愿和信仰的凝结，是伫立于世俗与天国接壤处的路碑，那上面神圣的刻纹，时时都会发出只有虔诚者才会听见的悠远而神秘的声音。我凝视着这些千姿百态的玛尼石，凝视着那上面精美的刻字，蓦然感到高原不再是悄无声息。

TIPS

六字真言是观世音救度众生、开示大明的心咒。如果仅从字面上把这六个梵语字翻译过来，就是一句感叹语：如意宝啊，莲花哟！还有人译为：啊，愿我功德早日圆满，与佛融为一体！六字真言被信众认为是有无穷含义和巨大力量的神咒，因而被无数人千百年地反复吟诵。

寺庙前的信众

面神而吟

藏语是最为优美动听的语言之一，听来富有旋律感。用藏语诵经，无论是高唱还是低吟，都有石之坚实、水之柔和，又有节奏和谐、韵律美妙、起伏跌宕之感。

我曾在云南迪庆松赞林寺大殿里目睹过300多僧人的诵经，那是一种雄浑、低沉、威严、丰厚的声音，有雪山之壮、大江之雄、草原之阔。我虽然听不懂藏语，却从起伏震荡的声浪里感受到了一种摄人心魄的巨大力量。加之没有窗户，大殿高阔昏暗，那种诵经声就越加显得沉浑而神秘。静静听着，意念随旋律而起伏，似整个身子就被一种力量拽进一个广阔而辉煌的空间……

据说拉萨哲蚌寺的措钦大殿为中国佛寺最大的殿堂，由183根大柱撑起的一个广大空间，净空面积达1850平方米，可容纳几千人诵经。大殿内供有文殊菩萨和大白伞盖佛母像，设置有三、四世达赖活佛灵塔，广阔的空间挂满彩色唐卡、帷幕，营造了一种神秘气氛，天窗投射一束光亮，突出了“举世浑黑，唯有佛光”的主题思想。很难想象数千人齐聚一堂同声诵经，那是怎样一种排山倒海的气势，是怎样一种声震五岳的声音。

很多喇嘛诵经或唱藏戏时的声音都特别浑厚，据说是刻意修炼的结果，与不喝酒、不吸烟、不喝浓茶、不吃肉的习惯有关。也有的僧人为了练就超人的嗓子，常到山崖、江边或瀑布旁大声诵唱，久而久之，就有了回荡山谷、覆盖波涛的嗓音。也有人说，喇嘛浑厚的声音来源于修炼密宗。修炼密宗用的是意念，简单地说就是在想象中把自己与本尊神的形象融为一体，在

拨动转经筒相当于念经

信众在神龛前献祭祈祷

信众绕寺庙转经

手摇转经筒

诵经是僧人每天的必修课

这个过程中，神通过自己的额头进入身体；神的意念是蓝色的，通过中脉沉入丹田；神的声音是红色的，经过喉部后遍布全身。这样，人成了神，声音就不同凡响。

与喇嘛的雄浑之声不同的是信众们的低吟。在横断山脉中部和北部的康巴藏区，人们随时都能见到那些信仰藏传佛教的老人，手摇着一个转经筒，围绕寺庙、佛塔、圣山、圣湖顺时针转圈，边走边轻声呢喃着，步履从容，神色安详。他们会吟诵多种经文，但通常是唵、嘛、呢、叭、咪、吽这六字真言。

藏族老人吟诵时，嘴唇翕动，轻声低气，虽没有动人心魄的浑厚，却有婉约之美、跌宕之美、神秘之美，那是灵魂的呢喃，是跟佛的耳语，是同天地的交谈。他们一生都在为积累功德而反复吟诵着那六个字，他们相信功德是一座宏伟的大山，每次吟诵只不过为大山添加了一粒沙子而已。但他们愿意这样日复一日地吟诵。

永久的佛缘

虔诚地布施（何乐　摄）

藏族最早信奉的是以自然崇拜为特征的本教，公元7世纪到8世纪，佛教传入藏区后，迅速根植于这片土地，并以其蓬勃而盛大的势态覆盖、笼罩了这片土地。于是，千百年来，康巴藏地成了佛教的乐土，成了人神共居、人神互动最活跃的地区，藏传佛教，成了人们生产生活和精神生活的重要组成部分。

在康巴藏地，寺庙、佛塔、经幡、玛尼堆和身穿绛红色衣服的僧人随处可见，这些已成为藏传佛教的标志，已成为康巴大地上一道独特的风景。在康巴，无论雪山还是草原，无论牧区还是农区，无论康北还是康南，你行进中不经意间就会远远望见一座金顶，走近去，豁然亮出的是一座金碧辉煌的寺庙；在山弯、河谷，你随时可以看到高耸的佛塔，佛塔为白色，有的六七十米高，极为雄伟。佛塔由须弥座、瓶形覆钵、粗大莲花瓣、十三层相轮组成，装饰有华美流苏和镏金的小铜塔，宗教意味十分浓厚。而许多寺庙外，还有群塔成列成阵，十分壮观。在村头村尾、垭口路边、岩崖下、湖泊畔，随处都可见到信众堆下的玛尼堆，矮的高不过一米，高的过丈。有的是行人路过随手添加的石头，有的则经过了信徒精心的

遍布山野的经幡

转经人（多吉彭措　摄）

雕刻。玛尼堆是赋予了特殊意义的，路过的人，要顺时针绕三圈，意在消灾免祸，求得平安，有的信众还要向玛尼堆献上食品，也有人将衣物首饰丢在玛尼堆上，据说是要捎给阴间的亲友。玛尼堆上的刻石大多是六字真言“唵嘛呢叭咪吽”和佛教经典。也有的玛尼堆是由刻有一本经书的石块堆成，令人十分震撼。玛尼石上也刻有图案，如释迦牟尼、千手观音、莲花生、天王像、文殊菩萨、度母等神佛像。也有反映早期本教拜物意识的图案，如龙、鱼、日月、鸟头、兽头等。也有的六字真言和神佛像不是刻在玛尼石上，而是刻在山崖悬壁或显要处的巨石上，体量十分巨大，远远就能看见，在康北的雀儿山下，一条河中无数巨大岩石上，个个刻有六字真言。在村头村尾，在岩崖、在林间，随时还能见到风中飘拂的经幡，这些印满经文的幡有的串在绳子上成排成阵，有的则精心布局，组成塔状的造型。藏族人民认为，风吹经幡，经幡飘动，就如同在诵经。

在寺庙外，在神山圣地处，随时有民众转经朝圣。寺庙、经堂附近的居民，转经是每天的必修课，或上午或下午，风雨无阻，从不间断，天天如此，年年如此。转山转湖多是三五相约，带上旅途用品长途跋涉，到达目的地后，按照一定的规矩或绕湖转或绕山转。少则半天一天，多则几天几十天，他们在乱石烂泥里行走，风餐露宿。云南省德钦县的太子雪山主峰卡瓦格博下，是方圆几百里信众转山的最佳选择地之一，信众们从青海来、从四川来、从云南中部来、从四川西部来，他们在雪山上成群结队地烧香拜佛，祈祷神山保佑全家幸福平安、六畜兴旺。卡瓦格博主峰峻峭雄伟，自古以来朝山者络绎不绝。他们先是在山下的飞来寺，拿出青稞、柏叶、松枝烧香敬神，诵读经文，之后绕小路上山转圈。归来时手拿根青竹竿，上插几片柏叶——这是朝山的标志。他们将印有经文的经幡挂在密林的树枝上或玛尼堆旁的竹竿上，并点燃随身带来的柏叶，泼上泉水，在烟中围玛尼堆和经幡林绕圈。

藏族人民所朝的神山圣水，不全是大师加持开光过的、写入佛教典籍的山水，更多的属民众认定或公认的神山圣水或灵异处。比如德钦县奔子栏一带的民众，每年正月初五前后都要去拜祭本村的神山日尼巴乌都吉。这是因为有这样一个传说：远古时奔子栏将要被洪水冲毁时，日尼巴乌都吉化作一匹绿马挡在金沙江西岸，金沙江拐了个弯，奔子栏才得以安然无恙，因而人们认为这座山是奔子栏的保护神，是神的象征。在藏区许多有美好传说的地方，许多出现灵异现象的地方，都被人们视为神山圣水之地，从而前去祭拜、献哈达、挂经幡、焚香叩拜。

藏族人民转山拜神最为令人惊叹的是磕长头。磕长头是对佛和菩萨最高的礼仪形式，最早起源于印度，凡信徒见到佛像、佛塔、佛经、圣迹和佛教大师，都要行磕头礼，这种礼节最能反映信仰者的虔诚，也是藏区社会的最高礼仪。尤其是信徒们如有治病、忏悔、朝圣的目的，就一定要磕长头。磕长头时，不论路面是烂泥还是砾石，都要匍匐于地，起来后双手合十祈祷，然后再匍匐下去，如此反复千次万次。据说过去连续磕十万个长头的人并不少见。他们从云南或四川出发，在高山峻岭、在峡谷深涧沿古道前行，边走边磕头，一直磕到拉萨，少则一年多则两三年，沿途累死、饿死、病

抛洒风马旗（何乐　摄）

死的也大有人在。在现代化公路上，我们从四川开车去拉萨都是一次艰难的旅程，他们则以身体丈量那么漫长的险途，需要何等坚忍的意志，真是令人惊叹。这就是神的力量，这就是信仰的力量。

转经是最常见的礼佛方式。在康巴藏地，寺院外围或佛殿、经堂的外围，或者一些特别的地方，一般都设有一排排大经筒，人们经过，就顺手拨动一排排的经筒。经筒内装有经咒，有木架支撑，外为黄铜质的圆筒，其上錾刻有六字真言，转动经筒就如同诵经，能积累功德。一些老人在家没多少事，在经筒房里能逗留一天，一个简单的动作重复千次万次，他们的耐力来源于虔诚的信仰。为了方便转经，还有一种便于携带的小经筒，行走时、休息时、与人闲聊时，可随时随地转动，常年不离手。这种小经筒也是内装经咒，外刻有六字真言，转动时也可以积累功德。有的人则是念珠不离手，无休止一颗颗地数着。

藏族人民把拜佛视为生活的重要内容，这是因为他们坚信佛教的因果报应说和生死轮回说。为了今生和来世的幸福，他们烧香拜佛、朝圣祭神、积德行善，一生都沐浴在佛的灵光中。在云南香格里拉一带，妇女们早上起来第一件事就是到屋顶用柏枝、松枝、青稞烧早香，然后向家中佛台供奉香和净水，并点燃一盏酥油灯。到

煨桑转经（多吉彭措　摄）

祭山

转经是生活的重要内容（何乐　摄）

在村头村尾，在岩崖、在林间，随时还能见到风中飘拂的经幡，这些印满经文的幡有的串在绳子上成排成阵，有的则精心布局，组成塔状的造型。藏族人民们认为，风吹经幡，经幡飘动，就如同在诵经。

了晚上，还要烧晚香、点灯、收净水瓶。无论贫富贵贱，家家都设经堂，供神佛像，有的家庭装修比较讲究的，彩绘满目，主要内容是佛和菩萨的故事。到了空闲时，特别是老人和妇女，就要去有经筒的地方转经，若有机会，还会去寺庙里听高僧讲课，这是他们最乐意的事。他们进了寺庙，拜佛烧香，请活佛摸顶以保佑自己和家人。

人们信佛，自然与寺庙与僧人就有了密切的联系，除平日去寺庙烧香礼佛外，家中若有生老病死等，都会去寺庙求僧人给予帮助。孩子满月，有的要请活佛给起名字，以求得将来人生顺利；生了病，不仅要就医，还要求神，认为患病是触犯了神灵或妖魔鬼怪，所以要请僧人念经，驱鬼镇邪，祈请神灵宽恕；人死之后，不论采取哪种葬式，尸体入棺后都要请活佛或一般僧人测吉日出殡，出殡时要有活佛和十多个僧人念经超度亡灵。一些条件好的人家，遇到修房造屋、嫁娶等重大事情都要请僧人测吉日、诵经。

藏族人民生活中还有许多禁忌也都与他们的信仰有关。如遇玛尼堆，要从左至右顺时针绕着走，路遇活佛要退路边礼让、脱帽，待活佛走过后才可上路。信众们还普遍忌杀生，老年妇女还忌吃当天宰杀的牲畜肉。宰杀牲畜时，要请人念经以消除杀生的罪孽。藏族人民还喜欢放生，放生家畜不被宰杀，让其自然老去直至死亡。这一习俗源于佛教的积善观念，放生时请僧侣念经后将牲畜赶至神山或寺庙周边。家里有病人时，往往就要放生，以求免灾。放生的牲畜或家禽不是放生出去就完了，在拜神山或进寺庙朝拜时，还要特意带些谷物之类的让牲畜或家禽吃。藏族人民有不杀生观念，他们往往把牲畜超期喂养，不愿宰杀，这样既浪费草料又浪费人力，降低了经济效益。在康巴藏地，就发生过这样一件事：为提高养殖效益，缩短养殖周期，外地投资商建立了一个屠宰牦牛的食品公司，机械化杀牛，机械化分割牛肉，机械化包装，并运往外地。当地藏族同胞参观了那种成群的牦牛顷刻间被宰杀肢解、顷刻间失却了生命而变成商品的场面，感情上接受不了，就组织很多人去阻挠，导致这一企业被迫停产。

的确，藏传佛教已渗入藏族人民生活的方方面面，他们的道德观、价值观、人生观无不受影响，他们的居住、饮食、绘画、音乐、戏剧、文学等，无不烙上了藏传佛教的烙印。

神舞“金刚橛童子”剧照

神舞面具

神舞

康巴藏传佛教各派每年冬春都要举行面具不同、内容各异的跳神祭祀活动，规模最大的数云南省德格县更庆寺的“金刚橛童子”跳神。这一活动每年于藏历元月中旬举行，由僧人演出，连续两天，是历时十天的佛事活动的组成部分。届时群众从四面八方络绎而至，上万人汇聚于此争相观看，场面十分壮观。

这一跳神活动共分六幕：第一幕由一位高僧大德出场供奉三界祈求各路神仙和所有十方山神相助；第二幕和第三幕请各路佛尊、佛法界的护法神一同欢庆降伏邪魔怨敌；第四幕由尸佗林神将瑜伽咒师带的人尸体（人工制作）抢走作邪魔怨敌，示众于场地中央降伏；第五幕由更庆寺所属小庙龚垭寺和银南寺各两位头戴黑狗头面具的僧人出场助威；第六幕按顺序出场的是12位护法神和28位自在神，尔后由两位手持香炉、吹着唢呐的僧人迎请“金刚橛童子”亲临降伏邪魔怨敌，将其肉体供奉给各路神仙，并让其灵魂超度，再生为六道众生做仆人。最后以欢喜共庆的形式结束跳神活动。在整个跳神过程中，瑜伽咒师身上的人尸体被抢走时是吸引人的高潮。那一刻，瑜伽咒师要把帽子甩向空中，帽子落地时帽尖朝什么方向，就预示这一方来年风调雨顺、五谷丰登、六畜兴旺。

“金刚橛童子”跳神是用肢体动作演示，象征抽象的佛教理念的一种舞蹈，辅以寺庙乐器，没有唱词。跳神时僧人均戴面具，金刚橛童子和12位护法神均戴的是黑狗头面具。28位与世共通自在神分别戴的面具为：狐狸头、豺狼头、红虎狼头、红狗头、黑猪头、蜥蜴头、老虎头、秃鹫头，等等，各不雷同。

“金刚橛童子”跳神起源于藏传佛教发祥地的西藏山南桑耶

雨雪中跳神的僧人

“金刚橛童子”剧照

“金刚橛童子”剧照

那一刻，瑜伽咒师要把帽子甩向空中，帽子落地时帽尖朝什么方向，就预示这一方来年风调雨顺、五谷丰登、六畜兴旺。

寺，时间是公元8世纪初，印度莲花生大师应吐蕃赞普邀请到西藏传教的时期。据记载，藏历火马年十二月的一天，桑耶寺正举行隆重的佛事活动时，比丘南开宁波、赞普赤松德赞等一行五人向莲花生大师做顶礼、绕行后，供上各种珍贵的曼扎盘，祈请道：请你以佛的本心，为我等及未来，教授一个能诱发我等信心，具有巨大加持力，排除各种邪恶怨敌，为六道众生解救的办法。莲花生大师听后答道：藏地具缘者们，密乘之出现是不容易的，秘咒金刚乘也是如此，八亿四千万诸神降临亦更难，所以在此应请金刚橛童子来满足众生之愿。此后，就正式邀来金刚橛童子父母和金刚橛童子12位护法神以及与世间共通自在的28位自在神，在桑耶寺举行了大型佛事活动。这种活动的主要内容是：建造想象中的功德无可比量的安堵宫、无量宫。其程序是：由金刚橛童子加持奠基，排除建造中的障碍，降伏邪魔怨敌，让其投诚归降，保证为释迦牟尼事业保驾护航，各路神仙对安堵宫、无量宫建成开光加持，祝贺成功。最后莲花生大师祝愿众生：在这桑耶寺内佛法极为殊胜，极为殊胜的三种佛法降临，秘咒金刚橛加持降伏邪魔，祈祷一切如来会众，解救此刹土。

桑耶寺有“西藏寺庙之祖”之称，公元10世纪后成为萨迦派寺庙，而德格更庆寺是康巴藏区最大的萨迦派寺庙，所以就借鉴了桑耶寺“金刚橛童子”跳神这一法事形式，至今已有400多年。老百姓把参拜跳神视为一种和出生、去世一样有重大意义的大事对待，每年举行跳神时，群众从周边各县赶来，多达上万人。跳神的场地之外还设有法座台，寺庙寺主、大堪布、领经大喇嘛，各种乐器队伍和维护治安的四位铁棒喇嘛等30余人就位台上，场面极为壮观。

TIPS

藏戏、寺庙神舞和一些民间舞蹈都使用面具。藏戏面具缘于戏中角色，有黄、红、白、蓝几种颜色之分，有善、凶、喜、怒、祥几种类别之分，具体分为九态：优美相、英武相、凶猛相等等。神舞的面具有佛、菩萨、神祇、妖怪、恶魔、动物、历史人物等。寺庙跳神不能理解为文艺活动，而是寺庙佛事仪轨的一种，也是群众观赏的传统活动。面具制作必须依照“造像质量”，尺寸、形象、颜色都有一定法度，不可随意。面具由专门的艺人制作，材料有布、皮、木、泥、金属等，布和皮为常用。德格更庆寺有巨型面具，如女妖“巴姆”面具高达2.8米，令观者震撼。

寺庙唐卡和壁画

康巴绘画是随寺庙的发展而发展的，有悠久的历史。康巴藏地有500多座藏传佛教寺庙，各寺庙都有绘画需求，这无疑是康巴绘画的巨大推力。寺庙绘画主要分为两类：唐卡和壁画。

唐卡，是用彩缎裱后悬挂供奉的卷轴画。在康巴的每一座藏传佛教寺庙的殿宇、佛堂和僧舍中，都悬挂有唐卡。唐卡上的内容是信奉、崇拜的对象。各信徒崇拜的对象有别，唐卡的内容也就有很多类别，有佛、菩萨、护法神、教义、教法、英雄人物、神话传说人物，也有涉及藏族历史、政治、文化等方面的内容。

从表现形式上说，唐卡有下列几种：绘画唐卡、刺绣唐卡、织锦唐卡、缂丝唐卡、剪贴唐卡。最流行的是绘画唐卡，既可绘在纸上，也可绘在布上，颜料一般为矿物颜料，如石黄、石青、赭石、朱砂等。刺绣唐卡是用各种丝线绣制而成，分高绣和平绣。平绣较常见，所绣题材一般是神佛、山水、花卉、亭台楼阁等。织锦唐卡用各色丝线，采用提花而成，色彩绚烂，有立体感。剪贴唐卡，是将剪裁的各色绸缎拼贴成各种图像，然后缝在布上制作的卷轴画。

唐卡的绘制者多半是寺庙画师，他们把绘画视为一种宗教活动，必报以虔诚的态度。在绘画前要择吉日焚香祷告、叩首诵经；绘画时讲究环境整洁、卫生良好，以免亵渎神灵。绘制神佛像有严格的法则，必须遵守，神佛的衣饰、造型、姿态都有规则要求，不可随心所欲，不可发挥想象。绘画时，先找出中心线、对角线和中心点，勾轮廓，再起稿、涂色、勾线。绘画完成后，要举行开光仪式，为画作赋予宗教意义上的神力。然后

护法神壁画

四边装缎边，背面衬布，上下加轴，轴两端安装铜质或银质轴头，两侧加装锦缎经幔。

随着社会生活的变化，唐卡不仅是宗教意义上的供奉，也被一些人作为艺术装饰品。绘画的画师也不仅是寺庙僧人，也有美术爱好者把绘制唐卡作为一种艺术创作。

壁画也是寺庙里常见的绘画，按所表现内容可分为：宗教画、传记画、肖像画、故事画、风俗画、建筑画、历史画。

经幡
佛塔
玛尼堆

走进康巴藏地，无论是康北还是康南，无论是嘉绒藏区还是木雅藏区，无论是草原牧区还是河谷农区，无论是村寨四野还是雪山深处，到处都可感受到强烈的宗教氛围。

在康巴，藏传佛教扎进了这片土地，扎进了藏族人民的精神深处，在人们的生活模式、心理观念、道德礼仪、习俗文化中留下了深深的印痕。人们把心灵寄托给神灵，心不离佛祖、菩萨，口不离“唵嘛呢叭咪吽”，手不离念珠和经筒，终身佩戴护身符，朝朝暮暮

佛塔（陈学积　摄）

念经，扶老携幼地朝拜寺庙、神山，更有虔诚的信徒，在朝圣的路上反复往返地磕着长头，他们在用肉身打磨脚下漫漫长途的同时，目光里也弥漫着超越生死的痴迷。在这里，坚韧的宗教信仰就像一根长长的绳子，串起了人生岁月的日日夜夜。

在康巴，不仅有金碧辉煌的寺庙耸立于山岭河谷，昭示着宗教的有形和无形，更有白塔、经幡、玛尼堆这些宗教信仰的标志和载体，遍布于山岭、河谷、草地、森林，构成了藏地的一道特有的风景。

藏传佛教的信仰者们认为，一面幡旗在风中飘摆一下就相当于念了一次六字真经，所以他们愿意尽最大的人力和财力来悬挂更多的经幡，以积累更大的功德。

经幡是藏族人民表达宗教信仰的最普遍的方式，也是每个施主都力所能及的一种表达方式。这种布质印经幡旗在一切被视为有灵的或神圣的地方都可悬挂，如灵山灵水、佛塔、寺庙、玛尼堆或节日盛会场地等，到处都可见到牵在空中的一根根绳子上缀满黄绿红白各色经幡，也有的拴在竹梢上插在山野里的玛尼堆旁。令人惊叹的是在许多被崇拜为神山的地方，插有数以千万的幡旗，整齐排列，构成规模宏大的幡阵，覆盖了整个山坡。从康定折多山向北行，直到甘孜、德格一带，沿途可以见到许许多多的大山斜面上覆盖着这种彩色经幡，显得极为壮观。藏传佛教的信仰者们认为，一面幡旗在风中飘摆一下就相当于念了一次六字真经，所以他们愿意尽最大的人力和财力来悬挂更多的经幡，以积累更大的功德。

与经幡相比，玛尼石是更艰辛的一种宗教信仰表达。在康巴藏地的山岭沟壑，村头山崖要道边的玛尼堆，信仰者转山经过时随时捡石添加，久而久之越垒越高。有的玛尼堆则是由刻满经文的石头堆垒的，这种石刻是由施主为了祈福或消灾请专门的刻匠雕刻。最为壮观的是，将六字真言刻凿在位置显要的巨石上，或刻在山崖的峭壁上，每字直径可达一两米，数百步外就可清楚看见。这些石刻经文和石刻的菩萨像、灵物形

山野里的经幡阵

佛塔

刻满神咒的玛尼堆

象通常都染以红白黄绿各种颜色，格外醒目。

建佛塔也是施主表达宗教信仰的一种方式。在康巴藏地的峰岭谷地、村头路边或是寺庙旁，随时都可见到一座座高耸的佛塔（也称为白塔）。这些佛塔无论是巍峨雄伟的，还是精巧玲珑的，都弥漫着浓郁的宗教气息，令人心魄震动，令人产生沧桑而庄严的关于生与死的联想。

康巴藏地的佛塔是印度佛学思想与藏族人民建筑艺术相结合的产物，有的为土石垒筑，有的为水泥砖石建造，塔身为白色，十三层父轮、华盖、日月、宝顶为金色，十三层母轮为红色。各塔的造型、结构大体近似又互有差异，其象征意义也各不相同，有的是纪念性建筑，有的是佛教身、语、意的偶像造型，有的象征天下众生资粮圆满的供养福田，有的是镇邪的法物，有的是灵庙、方坟和灵位的建筑。

藏式佛塔的造型源于印度。藏区在印度佛教传入后开始修建佛塔，吐蕃赞普松赞干布时期、赤松德赞时期，曾请印度高僧和工匠来藏地四处造塔。据说在整个佛教前弘期藏区建有寺庙1008座，每座寺内都有佛塔，由此可见当时造塔风之盛行。在藏区值得一提的塔，是江孜法王绕丹·根松帕等人于1398年为纪念法王绕丹过世而造的江孜瑞旋宝塔，高9层，有门108扇，大小佛堂77座，佛像、菩萨像10万余尊。17世纪，管理西藏地方政务的第司·桑杰嘉措建造了内供五世达赖整身的包金大灵塔——盖世无双庄严塔，此塔得到全藏区的推崇。

佛塔是佛心的象征物，没有一成不变的标准，形状可各异，尺寸可大小。形状和大小完全取决于施主的爱好和财力物力。但为了视觉上的完美，印度和藏区的学者和高僧们还是写下了许多关于造塔度量的著作。这些著作中推崇的佛塔主要有印度八塔，其中之一就是在佛祖成菩提正果的王舍城，由频婆娑罗王等人建造的菩提塔，四方形，有四层台阶，如今西藏和康区最常见的就是依菩提塔建造的如来塔。这种塔是佛学思想、佛教故事和藏族人民审美情趣的完美结合，塔底塔座四层，四层台阶象征四无量，八种造型象征释迦牟尼八大宏伟事业，塔垫塔瓶象征五力，十三层法轮象征十三金刚，华盖象征大悲，并在多个部位装饰有璎珞、宝珠等。

康巴藏地，藏传佛教的乐土，康巴藏地，藏传佛教信仰者固守的一片净地。在这里听经幡风中呼呼作响，看白塔雄伟高耸，突兀天空，读玛尼石上石刻经文，就仿佛置身于一种静穆庄严的气息中，有种神秘的力量正从四面悄悄涌来……

释迦牟尼印版拓片

德格土司的弘佛壮举

上架的印版

印经院屋顶的吉祥物

来到有“雪域敦煌”之誉的德格印经院，面对赭红色黏土筑起的高墙，我心中久久惊叹。这座坐落于金沙江畔深谷里的雄伟建筑，是清朝德格土司历经四代人的努力才得以建成的，整个工程在130年里分期逐步实施，累计耗时27年。对于急于功利的现代人来说，这种韧劲和耐性是难以想象的。

印经院位于四川德格县城的欧普龙河畔，占地5000多平方米，赭很难想象，登巴泽仁这位康北土司在经济落后的清代，在闭塞的横断山深谷里，他怎会做出如此不同凡响的举动而为后世留下一座文化的宝库？他怎会有如此高瞻远瞩的眼光和如此博大的胸怀？又怎会要把印经院建在此地？

印经院已成为当地信众每天前来转经的圣地

第十二代土司登巴泽仁创建的德格印经院

色墙体，顶部装饰有八瑞相铜牌、风铃、镏金孔雀、金顶宝幢等，整个建筑属藏族传统风格，庄严肃穆，气势宏大，弥漫着浓郁的宗教气氛。印经院内部，多楼组拼，中有天井，廊道曲折，梯阶棋布，层次错落复杂。各处檐、梁、柱、门窗、顶棚、墙壁，布满了彩绘、壁画和雕刻，无不显示出康藏实用美术的精工。据史料记载，印经院始建于德格十二世土司兼六世法王却吉·登巴泽仁时期，动工时间为

这是保存下来的清代中期《甘珠尔》印版

1729年，一期工程以护法圣堂为主，历时10年，仅彩绘雕塑等装饰工程，就有45名画工和136名技工干了3年。1738年登巴泽仁去世，第十三代土司四朗贡波、第十四代土司彭措登巴、第十五代土司洛珠降措继承先辈遗志，前赴后继，历时百年完成了全部工程。当然，最摄人心魄的还不是建筑本身，而是里面珍藏的数十万块被视为藏文化瑰宝的古籍刻版。中外游人、学者专家慕名来到印经院后，都会对这些古籍刻版惊叹不已。

印经院建起后，登巴泽仁十分重视其经营发展，不仅委派了巴班（院长）、巴涅（总务管家）和巴仲（秘书）三人对其直接管理，还定期听取典籍收藏、刻版印刷、销售经营等方面的汇报，并给予印经院经济支持。此后历代土司，也都一如既往地支持印经院，使其能够数百年而不衰。至今，印经院的印刷经营活动依然在进行，依然在传统工艺流程的框范中造纸、刻版、兑墨、印刷、装订……一切都是手工操作，显得古朴而厚重。然而，正是这种古朴和厚重，才更符合藏传佛教的精神。因为在佛界人士和藏族民众看来，那种千篇一律的、效率低下的、劳身劳心的印刷工艺，就像磕长头、转经筒一样更能体现人的真与善，更能表达人的约己和虔诚。所以，世界各地的图书馆、佛学院和寺庙，都愿购买德格印经院印刷的典籍，并将其视为收藏的珍品。

很难想象，登巴泽仁这位康北土司在经济落后的清代，在闭塞的横断山深谷里，他怎会做出如此不同凡响的举动而为后世留下一座文化的宝库？他怎会有如

德格印经院已成为海内外游人络绎不绝的圣地

清代的画版

此高瞻远瞩的眼光和如此博大的胸怀？又怎会要把印经院建在此地？对此，民间和佛界有多种说法。传说他某一天黄昏走出官寨来欧普龙河边散步，忽然冥冥中听到有小孩的诵经声，他觉得此处有些异样；后来，西藏江达一农民刻了一部《长寿经》经版，驮来德格准备献给土司，当他经过此地时，驮牛突然受惊，经版散落于地；不久，八邦寺高僧司徒·曲吉迥乃做出预言，欧普龙河畔将是佛法兴盛之地。于是登巴泽仁便决定在此处修建印经院。

学者们则认为，当时的登巴泽仁已52岁，执掌政权已有多年，统治区域已扩大到纵横千里，政治制度日趋完善，政局日益稳固，传播民族文化、弘扬藏传佛教已是水到渠成的事，是政治经济大局的需要。当然，我们还应该作出这样的补充：登巴泽仁倾其财力构建典籍宝库，与他个人的文化修养有直接的关系。他的一生，诸多方面都很优秀，自幼就在多名高僧大德的指导下苦读经典多年，少年时就显示出超乎常人的博学。他精通佛学、医学，擅长文学、历史，熟悉天文、建筑、绘画等多门知识，他的文化修养和领导能力，在土司中堪称一流。如此卓越的人物，必定会做出如此卓越的事。

德格印经院以其宏大的规模和浩瀚的典籍，在海内外赢得了显赫的声名。在高僧大德眼里，它是智慧的海洋，是知识的宝库；在广大民众心目中，它是超越世俗的圣迹。所以，每天每天，都有很多佛教信徒、僧人和远道而来的藏文化学者，围绕印经院一圈圈地转经，他们深信，如此神圣的殿堂，定能寄托期望，定能给人们带来吉祥。

寺庙雕塑

美术是藏传佛教寺院教育的一门课程，一些僧人接受美术教育后，终身喜爱，刻苦研习，最后取得了大成就。他们往往是绘画、雕塑兼通，自然承担起了寺庙的绘画和雕塑任务。寺庙的雕塑主要有泥塑、金属雕刻、木雕、石雕、油塑和面具制作。

泥塑主要是塑造寺庙里的佛像和神像，工艺复杂，规制严谨，尤其是大寺里的大型塑像，要求极高，只有在雕塑方面有很高造诣的人才能胜任。像有的寺庙大殿里供奉多尊神佛像高近20米，塑造时其形象和比例是极难把握的。神佛像都以圆雕形式出现，形象端庄，造型讲究，气度华贵。与主供佛形成塑像群，有菩萨、罗汉、护法神、大师等。这些雕像色彩对比强烈，雍容华贵，光彩照人。同时，也各具神态，各有情调，有风格的变化。藏密雕塑的护法神像用浪漫夸张手法，表现出恐怖和怪诞。如吉祥天女面目凶恶，金刚、天魔皆头饰骷髅，火焰四射，手持颅骨，足踏裸形男女。这些造像都遵循了《造像度量经》，并非随意为之。在康巴寺庙中，还有不少金属铸成的佛像、菩萨、明王和护法神等，小的以厘米计，大的高达数丈，用金银铜等各种金属铸成。在康巴众多寺庙中使用的供器和法器，许多都是工艺精美的金属雕铸工艺品。

此外还有石刻、木雕和油雕。石刻在康巴地区随处可见，寺庙里有玉石佛像，各地有格萨尔王及岭国人物石刻像，还有摩崖石刻，更多的是山山岭岭随处可见的玛尼石刻。尤其是遍布各地岭国遗迹、遗址处的格萨尔王及岭国人物石刻，有很高的的艺术性，影响面大，已形成一种文化现象。这些多半是民间艺人所为。木雕，除运用在佛像和印刷刻版外，王要用于建筑装饰，寺庙里和民间都有。油塑，也叫酥油花，以调有颜色的酥油为原料，手指捏塑而成，为藏族独有，这种雕塑质地细腻，色泽鲜艳，充满喜庆。酥油花的内容丰富，题材多样：有神佛祖师、文臣武将、飞禽走兽、花鸟鱼虫、山林溪流、花卉树木等。酥油花彩塑还可塑大场面表达复杂情节，演绎佛教故事。每年藏历正月十五日，甘孜寺、理塘寺、康宁寺、灵崖寺等格鲁派寺庙都要供奉酥油花。

弥勒佛像雕塑

小僧人

走在理塘的街上，每见到晃动于人流中的绛红色身影，我的目光立刻就追上去，希望见到那一张我熟悉的面孔。4年前，我在这街上认识了他，那时他才12岁。现在，他的个头应该很高了吧？然而，我在大街小巷里转悠半天，最终没有见到他。我真后悔，当初竟然忘了问问他是哪个寺庙的，不然就可以到寺里去找他。

4年前的一个冬日，也就在这街上，干烈的阳光直射着，积雪在阳光下格外得炫目。大街上有许多僧人，他们三五成群地在街边屋檐下晒太阳。在一家小商店的窗口，一个正在买方便面的小僧人吸引了我的目光。他还是小学生的年龄，清澈的大眼睛闪耀着稚嫩的光芒，圆圆的小脸蛋冻得像红柿子，我真想以雪为背景给他拍张照片，就走近去与他搭讪。令我喜出望外的是，他竟能讲一口流利的汉话。他告诉我，他叫西让，在寺里学经文学藏文，已经两年多了。我问他回过家没有，他说路很远，每年只回一次，阿爸过几个月就会来寺庙看

小僧人

小僧人

他，给他送糌粑送零花钱。我问他喜不喜欢在寺庙里的日子，他说，是阿爸想让他出家，那年他上小学二年级，阿妈病死了，阿爸常生病，就把他送到寺里来了。

用我们俗人的眼光看，西让挺叫人觉得可怜的，还是个孩子，却不在父母身边。于是我买了一塑料袋的方便面、豆腐干和糖果递给他，他爽快地接受了，很高兴，也乐意跟我说话。

西让告诉我，教他们学经的喇嘛是很严的，平日上课不得乱跑，放假了才能到街上来玩；学经是很艰辛的，天不亮就起来上早课，晚上还要背诵，他们上课就是诵经、听老师讲经，也学藏文，只有下午到傍晚一段时间是自由的，老师是不管的。这段时间，他就和一个年龄大些的扎巴一起煮饭吃。到了晚上，还要背诵老师教的经文，背不下，老师要罚的。西让说像他这样的小扎巴，都好玩，喜欢寺里举行法会活动，喜欢放假，放了假就像出笼的鸟，到处飞。西让说那些年龄大的僧人们学习就刻苦得多了，他们自己学经，听老师讲经，每天都要在大经堂去诵几次经，每次诵很长时间，晚上了还在一起辩经，几人一组，你来我往在问答，不时地张开臂膀，击响双掌，总要把复杂深奥的道理弄得明明白白才行。

格鲁派寺庙小僧人（何乐　摄）

西让还告诉我，老师讲了，他们还小，等过两年后，就要学习《量释论》《戒律本论》《俱舍论》等一些佛学著作，还要学习医学、美术、历史和藏文书法等课程。我说，学习是很艰难的，就像登山，要有非凡的耐力，要持之以恒，才能登上一座又一座高峰，像你这么小，努力二三十年就可能成为一个知识渊博的学者，成为一个大佛学家。西让听了只是笑，我说你笑什么，不想成为一个高僧？他说没想那么远。我说那近的都想什么？他说想有一个手机，有一辆摩托车，或者有匹好马……

小僧人

TIPS

僧侣学生不仅学仪轨、教义和秘传的经文，还要学习一些“次要”的学问，指以下学科：医学、印度体系的星相学和天文学、汉地体系的天文学和星相学、书法、修辞学、绘画艺术、文法，还有在举行密教仪轨或在举行灌顶仪式时绘制曼拉图案的艺术。

佛事活动中的僧人（何乐　摄）

僧侣生活

寺庙僧侣大多来自贫困的农牧民家庭。在德格土司辖区内，土司给寺庙划定有势力范围，寺庙可在其所属宗、村、小村之内招收僧侣。土司还以法律的形式规定，农牧民家有二男必出家一人，有三男必出家两人，这种派僧的形式保证了寺庙的僧源。对于贫穷的农牧民来说，出家可洗清全家罪孽，广积功德，为家庭招致福瑞，而且出家人社会地位高，生活有保障，衣食无忧，人们一般都愿意让孩子出家，久而久之，就形成了入寺为荣的民族习俗。这样，孩子出生后就要去寺庙登记，由保证人或老师抱至活佛前，向活佛献哈达，由活佛或格西赐给法名，孩子稍大后就要去寺里献哈达、点神灯，被正式列为在册扎巴。旧时德格地区各寺僧侣来源有三种情形，第一种是子孙制，即丛林制，一人出家其子孙世代为僧，这种制度以噶举派、宁玛派、萨迦派最为突出；第二种叫十方制，即不限地域，也可收纳势力范围以外的俗家子弟入寺；第三种是吸纳国外省外僧侣，有的也接受汉地的出家人。

僧侣中有上层和普通两个阶层，上层的顶端是活佛。自13 世纪噶玛巴转世系统形成后，各教

亮宝仪式（何乐　摄）

派纷纷仿效，在明清时期建立了各自的活佛转世系统。在整个德格地区各派寺庙中，活佛转世系统多达100余个。活佛转世灵童的寻找与确定主要有下列五种形式：一是寺庙按前世活佛遗书注明的方位、房屋标志、父母姓名、灵童姓名及属相去寻找；二是活佛圆寂前当众宣布自己将转世于何时何地；三是寺庙打卦、推算后，按神示寻找转世灵童；四是根据某孩童自报是某活佛转世而认定；五是根据在妇人怀孕时或婴儿出生后出现的某些吉祥灵异现象认定。找到转世灵童并迎至寺庙后，要举行占卜、降神等系列宗教仪式，由本教派最有名望的活佛做最后认定、取法名、授神丸（内有药品的小袋）、行隆重的坐床仪式。不过，一些本波派寺庙活佛设置较为特殊，允许世袭，活佛圆寂后，其子可承袭其称号。更庆寺不设活佛，依照萨迦派早期的世袭形式，由历代土司之兄或土司本人任寺庙最高领袖。总之，无论哪个寺庙的活佛认定，都比达赖、班禅这样的大活佛的认定要简单得多。

僧人入寺多在幼年，生活费用由家中供给，其任务主要是学经。各派各寺学经情况不尽相同，但大多都是通过扎巴学校来实现，每个扎巴都必须从藏文、拼音和简单的经文学起，之后还要学跳神、绘画、乐器演奏、戒律。经过考试取得一定学业成果后，还要学习更多更复杂的经典。学习期间时间安排得很紧，早上开始学习，中午午饭，饭后继续学习，傍晚有一段自由休息时间，晚上还要学习大约两个多小时。学习几年后，经过考试，扎巴就成了喇嘛，再深造，就可报考格西。格西是一种高级学位，也分几个等次，相当于硕士、博士，获得格西学位的人就可能被提拔为执事僧官。

僧人在寺庙要遵守各种清规戒律和规章制度。这些寺规和制

佛事活动中的僧人（何乐　摄）

度，都是参照“圆满具足比丘戒253条戒律”的内容而拟定，各寺大同小异。如不准偷盗，不准抽烟赌博，不准做农活，不准随便离开寺庙，不准穿戴俗人衣服，不准留长发，不准大声说话喧闹，念经时不准迟到早退，不准随便裸露身体，不准在寺内唱歌、打架，不准挖人参果、虫草，不准住华丽房屋，不准使用银碗瓷碗，等等。违反了这些戒律和寺规，要视其情节予以处罚。旧时的处罚方式主要有：罚款、罚物、罚念经、罚叩头、罚劳动、关禁闭、打皮鞭、驱出寺庙等。

僧人除念经修习外，还要参加寺内统一举行的各种法会。各派各寺的例行法会的时间和内容及形式是不同的。如八邦寺，五年举行

辩经（多吉彭措 摄）

塔公寺法事活动

僧人诵经

转经的觉姆（何乐　摄）

一次大法会，每年藏历六月十日喇嘛都诵经7天，十月二十九日起念祝福经7天，四、五、六三个月不许僧侣下山，集中于寺庙闭关念经45天，九月十五日又集中闭关念经至次年月初，宁玛派竹庆寺每年藏历九月至次年五月僧侣集中寺内念经，一月十日至十六日为则久会，一月二十四

僧人在寺庙要遵守各种清规戒律和规章制度。这些寺规和制度，都是参照“圆满具足比丘戒253条戒律”的内容而拟定。

日至三十日为菩提会，三月二日至八日为则周会，四月二十二日至二十八日为租丘会，六月十五日至七月底为央勒会，十一月二十二日至二十八日为生东麻会，十二月二十二日至二十八日为各且会，次年一月十五日至四月一日为雀太会。萨迦派更庆寺的例行法会则主要有：喜金刚神法会、木牛大瓦节、朴穹会、朴青会、洞柯节、央勒会、燃灯节等。另外，各派寺庙每年十二月底至次年要举行面具、内容和形式各不相同的跳神祭祀活动，历时为2天至7天不等。各种法会都是寺庙与神佛沟通的一种形式，是僧侣修习的方法，也是民众礼佛、寺庙收受布施的好机会。

TIPS

藏传佛教中最高宗教学衔总称为“格西”，其中又有不同级别的具体称谓。拉然巴格西是格西中最高级别的学位，申请该学位的寺僧要在拉萨大昭寺祈愿大法会期间，通过甘丹寺、哲蚌寺和色拉寺三大寺高僧提出的佛学疑难问题的答辩并得到认可，方可得到这一学衔。低一级别的措然巴格西也需通过三大寺高僧提出问题的答辩，只是举行答辩不是在祈愿大法会期间。一、二级别的格西只有经过20多年刻苦学习且很有天赋的僧人才可获得。还有一些专业性较强的格西学衔，某些有权的大寺即可授予。

唐东杰波画像

高僧 TANGDONGJIEBO

唐东杰波

在四川德格县城（更庆镇）房屋层叠的一处山坡上，当藏族学者泽尔多吉指着一栋房子告诉我说这是汤甲经堂时，我几乎惊呆了。汤甲经堂是康巴典籍中时常提到的一

唐东杰波塑像

处建筑，为明正统十三年（1448）噶举派高僧唐东杰波与德格家族第三十六代博塔·扎西生根共同修建的经堂，也称巴宫。汤甲经堂的建立，是藏传佛教在色曲河谷扎根的标志，也是更庆镇成为德格土司政治、经济和军事中心的开始，德格土司最初以此经堂为祖庙，后又在其基础上建立了宏大的更庆寺，汤甲经堂便成了更庆寺的一个组成部分。在我的想象中，这个名垂史册的经堂是一座规模宏大的建筑，决然没想到它仅是一座被众多房屋拥挤其中的一栋民居般的藏房，低矮而简陋。

保存至今的唐东杰波自画像

走进经堂环顾，空间不过30平方米，设有神龛，放置有各种法事用具

僧人诵经

和生活用具，几名坐着的僧人在低声诵经。顶棚、墙壁、木柱和悬垂于空的唐卡画，被酥油灯熏染得微微发黑。泽尔多吉给我做过一番介绍后，领我走近一堵墙，指着一幅壁画告诉我说这是唐东杰波的自画像。他这一说，使我大吃了一惊。唐东杰波（1385～1464）出生于西藏仁昂，他长期在康巴地区传教，是香巴噶举派名垂史册的高僧。我万万没想到在此能看到这位高僧的形象，能见到这位高僧绘制于15世纪的作品！就单从文物的角度说，这幅壁画已经算是极品了。我怀着虔诚的心走近壁画，在昏暗中仔细观赏，见壁画的色块已有斑点的脱落，但画面依然完整，色彩依然绚烂。画中的唐东杰波盘腿而坐，手抱宝瓶，身披黄色袈裟，胡须茂密，面目沧桑，目光明亮而坦荡，脸颊清瘦，脸色赤红。历史上的唐东杰波，是个没有钱也没有权势的穷僧人，但他却有渊博的知识，有一颗为民众谋福利的心，一生奔波于净界与世俗之间，在医药、建筑和戏剧方面做出了卓越贡献，在僧俗两界都受到了莫大的崇拜。

唐东杰波是一个杰出的医药学家，他创始的汤甲经堂扩大为更庆寺后，他就在寺内组建了一个为僧侣治病的医疗组。这个由僧人为医生的医疗组500多年没有中断行医，现已发展为德格县的藏医院。唐东杰波当初在指导僧人行医的同时，亲自主持试验，研究出一种主治胃病的藏成药叫“沉道白色丸”。这种成药配方奇特，疗效极好，数百年间一直受到僧俗的喜爱。现在德格藏医院的“白达黑”成药，依然沿用“沉道白色丸”的配方，是医院的常用药。

唐东杰波在奔波传教的数十年间，一心想着为民众奉献，以惊人的毅力克服种种困难，在康巴至西藏沿途的大小河流上主持修建桥梁100多座。据说他修建的木架桥是一种结构巧妙的悬挑式叠梁伸臂桥，全桥以木料构成，无一钉一铁。民国年间四川甘孜州新龙县雅砻江上仿造有7座这样的桥，1930年被占领新龙的西藏噶厦政府军烧毁。1933年新龙甲拉西乡一位民间人士率众在安多乡波日地段的雅砻江上修建了一座悬挑式叠梁伸臂桥，使这一文化遗产得以呈现给后人。可惜的是，这座历经80多年风雨的木桥已倾斜，木料已腐，当地政府又照此仿建了一座新桥。新龙县委宣传部部长王永生先生曾给我寄过新桥和老桥的照片，细细品赏，木桥工艺之美，结构之巧的确令人赞叹。由此使人想到，15世纪时的唐东杰波设计修建如此的桥梁需要何等的智慧！

据藏族史料记载，唐东杰波是一个没有权势的苦行僧，说话缺乏号召力，建桥的动议很难得到广泛的响应。起初，他煞费苦心募筹造桥经费，历时三年而不成功，于是就从信徒中选出聪明俊俏的七姊妹组成一个歌舞班，以佛教故事为内容，自编自导成具有简单故事情节的歌舞剧到各地演出，以化导众生，募集经费。这种歌舞剧的长期演出，在民众中造成了很大的影响，后经僧人和民间艺人的加工、改造和提高，逐步有了固定的程式，成了藏戏的一个重要流派——蓝面具派。这种戏是一种集歌唱、舞蹈、旁白、音乐伴奏和服装道具为一体的综合艺术，有别于流行于西藏和安多藏区的白面具派。演出时演员分别佩戴蓝、黑、黄、红、白人面面具和动物面具，先有一阵富有宗教色彩的舞蹈，随后才是正戏。剧中人物唱腔有长调、悲调、短调等。每唱完一段，就有一段舞蹈，舞蹈后又是唱段。唱段用以表达人物的不同感情和思想，剧情则由一人在旁边用快板形式介绍。演出一般在广场进行，演出时间可长可短，一部戏细作细演需要两三天，若压缩为两三小时，一些唱段和情节就可省略。这种流派之所以被称作蓝面具派，据说是因为演出时先出场的是戴蓝面具的演员。蓝面具代表的是群众。也有这样一种说法：唐东杰波曾在母腹里待了80年不愿降生，胡子都变白了，他母亲只好吃蓝色染料催生，他出生后满脸蓝黑，于是人们就把他创始的藏戏流派称为蓝面具派。

走出汤甲经堂，正是正午时分，转经的人越来越多，他们围绕着这座简陋的建筑络绎不绝地走着，边走边摇着手里的小经筒。在他们心中，这座建筑是不平凡的。我端视着这栋矮小的藏房，心中也生出了几分敬意。

僧人跳神

莲花生大师塑像（多吉彭措　摄）

大师风范

康巴作为藏区民族文化的发祥地，千百年来，涌现了灿若星辰的佛学大家和高僧大德。他们一生勤奋学习，遍览群经，研究不止，为雪域文化的发展和藏传佛教的光大做出了卓越贡献。他们的一生都在诵经学法、收徒传教、建寺建塔，一生都在以佛教的义理仪轨去引导、感化信众，鼓舞信众虔心向善，为信众指点迷津。他们同时也是世俗文化的大师，在文学、历史、绘画、医学、建筑等多个领域都达到高深的境界，推动了藏族人民的文明进程。

在康巴的历史上，名留后世的佛学家和高僧层出不穷，特别是元代以后，藏传佛教五大派祖寺和最高学府先后在康巴生根开花，为文化的繁荣和学者的辈出创造了条件。据统计，元代以后，从康巴这片土地上走出来的名人多达千人，其中影响遍及藏区的就有数百人。在这里，我们简略介绍几位高僧大德。

噶玛巴·都松钦巴 都松钦巴于1110年出生于今四川省甘孜州新龙县，自幼随父学习，从贡巴·哲巴修习，不久就获得成就。北宋靖康元年（1126），16岁的都松钦巴师从噶当派大师出家为僧，这期间他师从阿底峡的三传弟子扎惹哇西昆仲学习“胜乐灌顶”和许多密法。19岁时到了前藏，拜名师系统学习基础性佛法，之后几年里，他

稻城蚌普寺（多吉彭措　摄）

又从师学习了噶当派噶举派教法，赢得“大修士”美名。他又去桑日静修，功力大增，能自由地控制呼吸，以后又连续静修了3年，并从师学习。此后，他去各地云游。南宋绍兴十四年（1144）他到今稻城县境桑堆河畔修建了蚌普寺，至今寺中留有他的手印。南宋绍兴十七年（1147），他到今西藏昌都附近的噶玛修建了噶玛丹萨寺，形成了噶玛噶举派。南宋淳熙十四年（1187），他在拉萨西北兴建了楚普寺。70多岁后，他到康区各地传法说经，听者时常过千人。

南宋绍熙四年（1193），都松钦巴辞世，享年83岁，临终时口嘱要在人间转世，让后来教法继承者寻访认定，这就是活佛转世制度的开始。

帕莫竹巴·多杰嘉波　藏传佛教噶举派帕竹噶举支派的创始人是帕莫竹巴·多杰嘉波。这个教派曾取代萨迦派掌握西藏地方政权长达两个世纪。

帕莫竹巴·多杰嘉波于1110年出生于今德格县白垭乡伯莫村，他童年时父母相继去世，是叔父将他收养，9岁时他出家为僧，进寺后天资聪慧，许多事一学就会，深得堪布喜欢。他虽没拜师学画，但看了别人绘画，就掌握了绘画技巧。

在康区，他先后拜16位高僧为师，学习了多种经典，19岁前就能为人讲授《入菩提行论》。那一年，他作为一富人的侍从有了相随入藏的机会。到前藏后，他听了高僧讲授经典。6年后，在他25岁时受了比丘戒。他从亲教师及其他大师学习《律经根本》等多种经典，由于他的努力，精通了显宗经论和戒律，成为一名学养深厚的大师，得到广泛赞誉，被称为“金刚王”。

这之后，他系统地学习密宗的教义和法门，从多名大师学习密教修法。到了中年，他已是一位显密皆通，熟知噶当、萨迦、宁玛各教派教法的大德高僧了。但他依然拜见各位大师，求得许多密法，前藏后藏，求教不辍、学习不懈。

宋绍兴二十八年（1158），多杰嘉波在今西藏桑日县帕莫竹修建了一座寺庙，即后来的丹萨替寺。寺内至今保存有他的牙齿和自塑像。他的后半生一直在这座寺庙里收徒弘法、写作，他一生著作共50卷。宋乾道六年（1170），帕莫竹巴圆寂。由于他的杰出贡献，被誉为“藏地三宝”之一。他在藏区各地建寺收徒，形成了8个分支，他的弟子成为这些分支的创始人，名留佛教史。

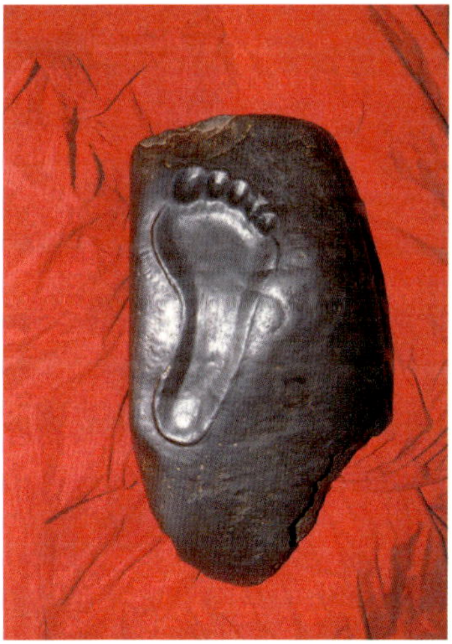

第三世达赖喇嘛脚印（多吉彭措 摄）

时轮金刚壁画

噶举派传承人克珠·琼波南交印版拓片

佛教八宝中的双鱼、净瓶、宝伞、瑞莲

止贡巴·仁钦贝 1143年出生于德格，为止贡噶举派的创始人。他6岁开始学藏文，9岁知晓很多经典，25岁后前往西藏拜师学佛，是帕莫竹巴·多杰嘉波的弟子，34岁后主持修建了多座寺庙。据记载，他在所建的止贡寺传教时，前来听他说法的僧众达到55525人。他自己严持戒律，徒众也随之效仿，静修山林也能做到不散乱放逸。噶举大师都松钦巴称他“犹如阿阇黎龙树”。来自斯里兰卡的一位阿罗汉认为，他就是龙树的转世。他在西藏期间一直关心康区，所收弟子多为康巴人，还曾派弟子在故乡德格创建了兄里寺等寺庙。据记载，他临终时弟子问他的去向，他回答说：“只在康区，同你们一道弘法。”1217年圆寂后为他举行超度法会时，参加的僧众也恰是55525人。

噶玛拔希 1204年出生于今德格县汪布顶，自幼天赋过人，所见佛经只诵一遍就能完全领会。成年后在康区和西藏两地传教，追随者达数百人之多，一些本教派和宁玛派的僧人也因他而皈依了噶举派。他把观音菩萨的六音节咒愿改造成一种适合大众传唱的形式。藏文典籍中对他有极高评价，认为他法力极大，是莲花生式的人物。

1253 年，他为忽必烈及其王子传授“发心仪轨”，忽必烈留他辅政，他以游僧不适皇室生活为由拒绝了。1256年，当他想动身回西藏时，接到了元宪宗蒙哥召见他的诏书，于是他去蒙古的和林会见了蒙哥。蒙哥赐给他一顶金边黑色僧帽及金印和财物，从此他所传世系被称为噶玛噶举黑帽派。蒙哥死后，忽必烈因噶玛拔希不曾追随他而将其下狱。据记载，他被关石牢中七天不准进食并施肉刑，但他却安然无恙，朝廷又将他流放到盖乌曲，直到南宋景定五年（1264）才获释。获释后在回西藏楚普寺途经康北时，他停留8年，一直在康北各地传教弘法。

元至元二十年（1283），噶玛拔希在楚普寺圆寂，享年80岁，火化时心脏、舌头和眼睛均没损坏，其舍利白色居多。他的衣服和靴子被视为圣物，一块块剪碎分发给了信众。史籍中还详细记载了他圆寂8天后灵魂又回归肉体并到各地寻找转世替身的经过。因为他灵魂转世获得成功而被追认为第二世噶玛巴活佛，他的前世是第一世祖师都松钦巴，所以他是藏传佛教史上第一个转世活佛。他的后世继承者也都被公认为高僧大德，其中三位在明代时被封为“大宝法王”“大乘法王”和“大慈法王”。

噶玛巴·让炯多杰 1284年出生于古德格拉日（今玉隆乡），是噶玛噶举派黑帽系都松钦巴的第三代转世活佛，公元1288年被迎请至楚普寺后，开始学习佛教五明学，先后在康区、安多等地修桥建寺。公元1332年奉诏进京，为元宁宗帝后进行过密宗灌顶的宗教仪式，被封为帝师。1338年奉诏进京觐见元顺帝，后逝世于北京。他一生著有显密论述及历算方面的著作多部，其弟子扎巴僧格被封为“噶玛噶举红帽系第一世”。

贡珠·颜登降措　1813年出生于今德格县俄南乡，自幼出家为僧。古籍中称他自幼智慧过人，1天的学经积累相当于别人10天。他10岁时被八邦寺司徒活佛白马尼协认定为印度佛祖在世时八十位大成就者之一的白阿巴的转世化身，19岁时被迎请到八邦寺深造，成为八邦寺第一世贡珠活佛。他

色达佛学院（何乐　摄）

莲花生大师壁画

一生专心学佛，所带弟子甚多，其中有十余人都是名冠藏区的大学者。他精通大小五明学科，在天文历算、医学方面造诣尤深，平生著有经典多达100余部，如《显密两宗》《闻法纪要》《法本仪轨》《医药历算》《山潮志》等。当时藏区有公认的三大著名佛学家，他是其中之一。

觉囊派创始人达巴嘉波印版拓片

降央钦则翁波 1820年出生于古德格西南部（今白玉县），12 岁时被选定为德格麦宿萨迦仲萨寺活佛。在专人培养下，他15岁时学业成果就超过了大堪布的水平。平生刻苦修习，遍游色拉、哲蚌、甘丹、萨迦、扎什伦布等大寺院，依格鲁、萨迦、噶举、宁玛等教派的150余位高僧大德为师，其一生有几十部论著。同时他还擅长木雕、泥塑和建筑工艺，平生主持修建了100多座佛塔和多座寺庙禅堂。

米旁·降央朗杰嘉措 1846年出生于今德格县定琼一普通人家。6岁时，父亲和舅父开始教他藏语文、黑白历算等知识，10岁时开始学习佛教经典，满12岁时进入宁玛寺庙桑欧曲岭寺出家为僧，6年后随舅父一道进西藏，在甘丹寺及藏南学经，1年后返回德格。他的主要上师是降央钦则翁波，这是位学问高深的大师。当然，降央朗杰嘉措不只有这一位老师，他还拜了多名大师为师，如晋美却旺、格西阿旺琼乃、罗代旺波等等。经过长期刻苦学习，降央朗杰嘉措在佛学、文学、医学、声律、工艺等各方面都有了很高的造诣，对多门学科都有了自己独特的理解。他教授了不少徒弟，其中部分成为名冠康区的大师。降央朗杰嘉措学问渊博，名扬藏区，但他生活却极为简朴，喜欢像普通牧民一样住帐篷，吃糌粑、曲拉，穿一件破旧衣服。他待人亲切和蔼，平易近人。

他一生学习十分刻苦，著述相当丰富，传说他的著作有上千种，但大多都散佚了，目前在康北各大寺中还保留有他的部分著作，这些著作被学界视为藏文化的瑰宝。

TIPS

僧侣修行除寺院生活外，还有云游，他们在云游中向信众提供宗教服务，另有一类是隐修者，独居于专门的隐修处的小屋或山洞里。他们属某个寺庙，寺庙安排有小僧人给他们每天送食物和水。隐修的小屋或山洞是封闭的，只留一个小窗洞，里面没光线，隐修者要在里面度过5年或7年，甚至更久，其间除了诵经就是练瑜伽，也有的借机著书立说。

更庆寺子寺柯洛洞寺4岁小活佛坐床仪式（多吉彭措 摄）

小活佛

富有创意的活佛转世制度

活佛，藏语称之“朱古”，意为神佛化身的肉身，指的是经过转世制度而取得了宗教领袖或寺庙首领地位的继承人。藏传佛教在最初的几百年间没有活佛转世制度，教权的传递靠的是师徒衣钵传承和家族世袭制。随着教权传递中许多问题的出现，到公元12世纪，活佛转世这一富有创意的制度随之出现了。

活佛转世制度的最初设计者是噶举派第一世噶玛巴·都松钦巴（1110～1193），他于圆寂前写下的遗嘱中提出他死后有转世，并说明了转世灵童出生地的方位。这一说法与佛教的“化身”原理吻合，符合灵魂转世、生死轮回的理论。佛教认为，高僧大德的灵魂是不会消失的，会通过另一肉体而实现转生，再度投身于佛的事业。所以，人们承认了都松钦巴的转世说并寻找到了他的转世化身——噶玛拔希（1204～1283），将其奉为第二世教主，从而开创了活佛转世的先例。噶玛拔希10岁时进哲蚌寺举行了坐床仪式后，拜都松钦巴的弟子为师，此后曾游方传教。元朝时，他被尊为国师，元宪宗蒙哥曾赐以金边黑色僧帽，他所传教派被称为噶玛噶举黑帽系，那顶黑帽也一直供奉于康北的八邦寺里。从此以后，活佛转世就被噶举派认为是解决寺庙和教派继承权的无可辩驳的最好办法。

到14世纪，宗喀巴对藏传佛教进行改革，随之形成了一个新的教派——格鲁派（黄教）。这一教派禁止僧人娶妻生子，高僧的财产和教权的继承问题也就只能以活佛转世的制度加以解决。黄教活佛转世制是从哲蚌寺开始的，该寺第一世根敦主巴圆寂后，第二世根敦嘉措被认定为化身。根敦嘉措圆寂后，哲蚌寺于1544年认定出身于拉萨堆旺的索南嘉措（1543～1588）为转世灵童，让其接替了根敦嘉措的法位。索南嘉措的家族是吐蕃王朝最早出现的“七觉士”之一玛·仁钦乔所属家族的后裔，祖先在萨迦王朝曾任要职，其父是弟巴（部落首领），其母是帕竹教派一个上层喇嘛的女儿。他任职活佛期间，正值各宗教集团之间、各政治集团之间斗争最为激烈的时期，他为黄教的生存和发展奔走于各地，最终与蒙古土默特部落首领俺答汗联合，获得了强有力的军事和政治援助，俺答汗还赠给他“圣识一切瓦齐尔达喇达赖喇嘛”的尊号，意思在显宗密宗两方面都修到了最高成就，是个超凡入圣、学问渊博如海洋的大师。自此，索南嘉措有了达赖的名号，并向前追认了一、二世达赖。索南嘉措于1588年给明王朝朝贡时，因病圆寂于途中，此时，俺答汗的孙子苏密尔（1589～1616）恰好出生，遂被认定为转世灵童，成了第四世达赖活佛，法名云丹嘉措。这位蒙古儿童被确定为哲蚌寺寺主，是黄教和蒙古人双方皆大欢喜的事，但他却于1616年在哲蚌寺圆寂了（死因不详），年仅27岁。这时，辛厦巴家族的彭措南杰推翻了支持黄教的帕竹政权，建立了新的第悉藏巴政权，下令停止达赖转世制度。直到彭措南杰死后，黄教的活佛转世制度才得以继承，阿旺·罗桑嘉措继任了第五世达赖法位。

达赖喇嘛被认为是观世音转世，班禅活佛被认为是无量光佛转世，这是黄教最大的两个活佛转世系统。班禅转世是从扎什伦布寺第四世班禅罗桑确吉坚赞

活佛摸顶

小活佛坐床仪式（多吉彭措　摄）

开始的，他的壮年时期，正值五世达赖年幼，整个黄教教务大权便落在他的手中。他在蒙古和硕特部落固始汗的支持下，取得了黄教在卫藏地区的经济控制权，为日后在政治上的独立奠定了基础。1644年，黄教获得清朝朝廷的重视，顺治皇帝授予五世达赖“西天大善自在佛所领天下释教普通瓦赤喇怛喇达赖喇嘛”封号和金印。到1750年，从七世达赖开始，黄教正

据说，喇嘛们在湖边举行宗教仪式后，可从湖影中看到转世灵童出生地的环境特征和家庭情况。

式掌控了西藏地方政府。

活佛转世认定有一系列的宗教程序，但各教派、各寺庙、各系统的认定过程还有一些区别。以黄教为例，就有五道程序：寻访灵童、辨认器物、降神询问、金瓶掣签、噶厦政府批准。灵童经过了前三道程序后还只是灵童身份，只有经过坐床仪式以后才会被公认为活佛。最初的灵童认定主要靠神示。活佛圆寂前会预言自己来世降生的时间和地点，届时要举行降神仪式，巫师回答各种问题，专人予以记录，并举行占卜。正式寻访灵童前还要到拉姆拉措观湖。拉姆拉措湖位于拉萨以南，形若人的颅骨，被视为神湖，认为是班典拉姆女神的化身。班典拉姆是藏传佛教本尊神之一，拉萨大昭寺绘有其像，手执法器，身骑骡子，头饰骷髅，形象狰狞。据说，喇嘛们在湖边举行宗教仪式后，可从湖影中看到转世灵童出生地的环境特征和家庭情况。访到灵童后要举行器物辨识仪式，摆出多种生活用具，让其辨认其中的前世活佛真正使用过的器物。这种靠神示选择活佛的方法，不免就有了许多人为的操作，所以后来又增加了“金瓶掣签”和噶厦政府批准两道程序。金瓶掣签始于清乾隆五十七年（1792）。这一年，尼泊尔的廓尔喀人入侵西藏，清将福康安率军击败侵略者以后，经朝廷同意颁布了《钦定藏内善后章程》，其中一条就是设置金瓶掣签制度，目的在于革除降神指定的弊端。要求将认定的灵童呈报中央政府，由驻藏大臣现场监督抽签选择仪式。这一规定主要适用于达赖、班禅等大的活佛系统。对于权位低的活佛的认定，如果没有两个以上的灵童的竞争，就无须采用金瓶掣签。

人们熟知的两大系统都属黄教（格鲁派），即达赖和班禅。班禅是扎什伦布寺的活佛系统，达赖是西藏三大寺的活佛系统。三大寺的活佛不一定都产生于三大寺内，三大寺所辖分寺的活佛都属于这个系统。事实上，藏传佛教各教派及各寺还有多种活佛系统，甚至在一座寺庙里就有多种活佛系统的存在。如四川省德格县八邦寺，就有司徒、贡珠、清真、温根4个活佛系统，司徒活佛为第一位活佛。该寺是藏区噶举派主寺之一，声望仅次于西藏楚普寺，1959年前辖有分寺100多座。德格境内的竹庆寺是宁玛派的大寺，曾辖有分寺200余座，设有竹庆、邦洛、古学、斑洛、布足、格松、钦则、汪波8个活佛转世系统，最多的寺内活佛达三四十人。中华人民共和国成立初期，德格县50余座寺庙中共有活佛164人。活佛不仅有系统名号之别，其职权大小、地位高低也有8个等次的区分。像西藏哲蚌寺这样的大寺，在达赖这个大系统下，还有措钦活佛和扎仓活佛，前者是全寺性活佛，后者是扎仓（寺庙中层组织）以内的活佛。措钦活佛就有3个等次，第一等的具有“甲波”身份，在达赖圆寂后新活佛不满18岁的情况下，有西藏政府摄政王候选资格，另外等次的就不具备“甲波”身份。

在民众心目中，活佛是神圣的。像班禅、达赖这样的大活佛，信众们以能够见一面为终身幸事。就一般活佛而言，在信众心中也是极为崇高的，人们为了一睹活佛容颜或求得活佛摸顶，都会跋山涉水，匍匐以见。但活佛在从灵童向“神”的转变过程中忘记自我、进入佛界的艰辛，却并非是人们都了解的。自被确定为灵童后，三五岁时就开始学藏文，为今后学经奠定基础，十多岁送进寺庙举行坐床仪式后，就开始了漫长而艰辛的学习历程。这期间，少年活佛被编入某个康村（基层僧组织），在专门经师指导下学习藏文和佛经，边学边进行苦修，并像其他普通僧人

活佛坐床仪式上信众争相布施钱物

一样，参加辩经、诵经、法会等各种集体活动。虽然有了活佛身份其待遇好过一般人，但学习任务不能因此而减轻，一年三百六十五天，天天都是黎明起床，深更就寝，冬熬严寒，夏熬酷暑，四季不出门，也很难与家人见面。学习的主要内容是显宗的重要著作，如《量释论》《现观庄严论》《入中论》《戒律本论》《俱舍论》等等。学完这些课程需要15～20年，之后才能考格西学位，有了学位后又开始修密宗。这一漫长的学习过程就像攀登一座雪峰，很难有人到达顶端，但活佛们由于付出了比常人更多的努力，大多考取了格西学位，具有渊博的知识。

康巴，藏传佛教的乐土

早在公元5世纪到8世纪，藏传佛教就已零星地传入康巴藏区，只是未能形成规模，建寺活动尚不普遍，僧徒们没有固定的集体宗教场所。佛教普遍传入康藏，是在9世纪中期，即西藏发生朗达玛灭佛事件以后。

9世纪初，吐蕃赞普赤祖德赞（815～838年在位）极力推崇佛教，大规模翻译佛经，支持僧侣建寺，出台了七户平民供养一僧的政策，并让僧人全面掌管吐蕃政权，引起了贵族的极大不满。于是，以违达纳坚为首的大臣在除掉赤祖

香格里拉独克宗古城龟山大佛寺（何乐 摄）

德赞的两个主要亲信后，发动了政变，由韦甲多热和交绕烈扎二人趁赤祖德赞醉酒时将其勒死，随后拥持其兄朗达玛即王位。朗达玛上台后，实行灭佛措施，强迫僧人还俗，毁坏寺庙，焚烧佛教经书，驱逐佛经译师，贵族们也很快从僧侣手中夺回了权力。僧侣们不得不四处逃难，不少佛学家、高僧逃到了康区，最著名的有藏饶赛、约格琼、玛释迦牟尼三人，他们当时在雅鲁藏布江边的山上“坐静”，得知王朝发生灭佛的事件后，即采取昼伏夜行的办法，经西部阿里逃往

今新疆，后经青海到了康巴藏区。由于灭佛之举并没波及康巴，藏饶赛等人就在康巴地区继续收徒传教。同时在康区传教的高僧还有浓妙吉祥、宝金刚等人。

公元842年，朗达玛被佛教僧人刺杀后，西藏佛教再度兴起，逐步进入西藏佛教的后弘期，康区部分高僧也回到西藏，开始寻找吉祥之地和有财力的施主建寺收徒，讲经说法。康区佛教也相继发展，到10世纪后期，印度佛学大师念智称到康区收徒传法，翻译经典，其弟子也长期在康区传教。

佛教传入康区后经与本教的长期斗争、融合，迎来了前所未有的兴盛时期：信众多了、寺庙多了、势力大了。这期间，一些小的教派逐渐消失，只剩下宁玛、噶举、格鲁、萨迦四大教派，并改造、融合了本教，使其成为佛教系列的本波派。藏传佛教各教派在哲学思想、伦理道德、意识形态和心理特征等方面是不一样的。因而其寺庙建筑格局、佛像绘制、礼仪祭祀、戒律习俗、僧侣组织也是各不相同的，但佛陀舍身饲虎和割肉喂鹰的慈悲利众精神却是各教派公认的价值观念。所以，各教派都能被广大信众接受。

宁玛派是最早形成的教派。因该教派遵循前弘期所传之密宗，故名宁玛，藏语为“古旧”之意。该教派僧人穿红色袈裟戴红色帽，故俗称红教。宁玛派为佛教旧译密乘派系，公元8世纪由印度传入西藏，随后传入康区。有学者认为，早在唐贞元十一年（795），宁玛名僧白马绒多扎就在康北建立了绒戈寺。公元8世纪，吐蕃赞普的最高上师莲花生也曾到康区传授宁玛派教义。到南宋绍兴二十九年（1159），宁玛派大师噶当巴德西（1122～1192）在金沙江边的白玉县建立了具有标志意义的噶拖寺，多数学者认为这是宁玛派在康区传播的开始。噶当巴德西为德格麦宿人，12岁到西藏学经，24岁受菩萨戒。他先后拜各派大师为师，是宁玛派著名“三素尔”之一的卓浦巴的再传弟子。据典籍记载，他曾得到康区一些部落首领的支持，却受到早已在康区扎根的本教的反对，就连他的住宅也曾被本教教徒拆毁。他在经过艰难斗争和曲折反复后，最终建起了噶拖寺，他本人也因此声名鹊起，拥有信徒数万人。在噶当巴德西之后的400余年里，宁玛派在康区迅速发展，各地相继建寺，仅白玉县就建有寺庙13座，并出现了许多高僧大德。元世祖至元十年（1273），宁玛僧人羌堆·喜绕降泽随藏传佛教一代帝师八思巴赴京朝拜，忽必烈因其将一根铁矛挽成疙瘩而惊奇，赏封“瞻对本冲”一职。康熙年间，宁玛派在康区又有了一个发展高潮，因为这时期

千手观音塑像（陈锦　摄）

护法神塑像

色达佛学院（何乐　摄）

宁玛派得到了格鲁派领袖五世达赖的信赖和支持。五世达赖于清康熙二十三年（1684）派其弟子、宁玛名僧白马仁真赴康北德格土司辖区建寺传教。白马仁真这期间修建了竹庆寺，这是宁玛派在康区兴盛的一个标志。该寺规模宏伟，文化氛围浓厚，名声很大，不丹和尼泊尔的宁玛派僧人也慕名来此寺求学。该寺有8个活佛转世系统，在青海、西藏和四川有200余座直辖和半辖分寺。该寺与清朝西藏政府和尼泊尔王室都有联系，清康熙三十一年（1692）竹庆寺第二位活佛派高僧又建了协庆寺。自10世纪到清朝末年，康区建立的宁玛派寺庙近200座，仅德格土司辖区内就有60余座，僧侣2万余人。

萨迦派又名花教，形成于11世纪，是西藏佛教中影响较大的一个教派，传入康区的时间稍晚于宁玛派。萨迦派在康区建起的第一座寺庙，是北宋哲宗元祐二年（1087）

坛城（多吉彭措　摄）

修建于德格县境内的俄支寺。南宋高宗建炎二年（1128），萨迦喇嘛严然色波在今甘孜县建了萨迦寺庙严然寺，该寺被视为萨迦派传入康区的标志。随后一段时间，德格境内又相继建了几座萨迦寺庙，宋朝时影响巨大的德格土司改奉萨迦派，为萨迦派的发展创造了有利条件 。到了元代，萨迦派领袖八思巴被忽必烈封为国师，继而又晋封为帝师，萨迦派名僧索朗仁青也被封为万户，并在白玉建立萨玛政权，修建了萨玛寺，将其奉为祖寺。八思巴也到康区驻住传法，并派弟子在康定高尔寺山建了正古寺，后改称高尔寺。元代后期，萨迦派随蒙古统治力的衰弱而衰弱，但在康区，萨迦派依然在稳步发展。到明末清初，德格土司辖区内萨迦寺庙有更庆寺、竹庆寺、仲萨寺、雄拖寺、夺色寺、邦章寺、高尔寺、俄支寺等。

噶举派俗称白教，注重密法修习，通过师徒口耳相传而继承，故名噶举——口授传承之意。该派早期分香巴噶举和达波噶举两个系统，传入康区的为达波噶举大系中帕竹噶举系中的小系止贡巴和玛仓巴。噶玛噶举创始人为都松钦巴（1110~1193），他于南宋绍兴十七年（1147）在康区建了噶玛丹萨寺，南宋淳熙五年（1178）又在今稻城县建了奔波寺，并广泛传教。11世纪的噶举高僧竹庆桑吉仁青在康定跑马山坐静说法，创建了拉母则寺。到了13世纪初，噶玛噶举派黑帽系第二世活佛噶玛拔希（1204~1283）到云南和四川的藏区开始传教。由于他是个影响巨大的人物，名声仅次于八思巴，所以他亲临康区布教使噶玛噶举派有了大的发展。噶玛拔希圆寂后，让炯多杰继任第三世活佛，得到了元顺帝的宠爱，被封为国师。此后的第四、五、六世活佛也都曾到康区传教。噶玛派另一支系止贡噶举的创始人止贡巴·仁钦贝（1143～1217）是康区德格人，曾派弟子巴登向秋能巴在康区传教，并建了兄里寺，到清朝末年，康区北部仅德格土司辖区内，噶举派寺庙就有30多座。

格鲁派（黄教）是西藏佛教出现最晚的一个教派，创始人是宗喀巴·洛桑扎巴（1357～1419）。14世纪中叶，西藏已普遍建立封建制度，各教派的上层僧人直接参与政治活动，他们享有特权，追逐利禄，横行不法，从而使戒律废弛，民心丧失。在这种情况下，宗喀巴在西藏帕佐地方政权首领支持下，修建了位于拉萨东北的甘丹寺，并以此为根本道场，讲经说法，改革宗教，重振戒律，逐渐形成新的教派——格鲁派。这一教派形成之初就受到僧俗的推崇，并开始传入康藏地区。最初将格鲁派教义传入康区的是宗喀巴的弟子茸青·根登降参（1374～1450）等人。随后也有人建寺，但影响不大。明万历八年（1580），第三世达赖索南嘉措应云南丽江纳西族木氏土司的邀请，到金沙江东岸的巴塘、理塘一带传教，将理塘本教寺庙邦根寺改宗为格鲁派寺庙，更名为长青春科尔寺，并任该寺第一任堪布。这是格鲁派在康区建立的第一座影响深远的大寺，从而使格鲁派在康区站稳了脚跟。清顺治十二年（1655），五世达赖阿旺·罗桑嘉措在清朝廷支持下，遣弟子霍尔人曲吉·昂翁彭措到康区传教建寺，先后在甘孜、炉霍、道孚、石渠及云南迪庆建立“霍尔十三寺”，为格鲁派在康区的传播开创了广阔的前景。

广袤的康巴大地，是藏传佛教的乐土。在康巴，无论是草原牧区还是河谷农区，无论是康北还是康南，无论是木雅藏区还是嘉绒藏区，到处都有各教派建立的寺庙。据20世纪50年代初统计，仅四川省

佛教亮宝仪式（何乐 摄）

甘孜州境内就有寺庙近600座，僧尼近8万人，活佛260余人。这些寺庙的整体布局按佛教世界的模式修建，核心建筑在藏式建筑风格上融进了印度和中原风格，大气而精美，个个都堪称经典之作，把康巴藏族古建推向了划时代的高度。远远望去，殿宇巍峨，气势宏伟，楼群参差，廊檐轩昂。一座寺庙就是一个艺术殿堂，一个文化宝库。寺庙内彩绘悦目，壁画精美，佛像屹立，唐卡比比皆是，珍贵文物不计其数。

藏传佛教认为知识是开悟成佛之本，是利益众生的手段，因而一直重视知识的传播、传承和创新。一方面佛寺内的佛学院要进行正常的教学和研究，另一方面提倡僧人自学自习，营造了浓郁的学术氛围，造就了大批知识渊博、品德高尚的高僧和佛学家，这些知识渊博的僧人不仅大量翻译印度佛教经典，从印度、尼泊尔、中原等地引进大量文化艺术，还著述了千部历史、佛学、文学和自然方面的著作，形成了几乎涵盖一切文明成果的文化体系。

藏传佛教的根须深深地根植于康巴大地，在人们的道德观念、礼仪习俗、文学艺术和举止言谈中也烙下了深深的印痕。人们手不离经筒和念珠，口不离“唵嘛呢叭咪吽”，心不离佛祖菩萨，家不离经堂神龛。人们把心灵寄托于宗教，终身佩戴护身符，朝朝暮暮地念经，扶老携幼地朝拜寺庙、神山，更有虔诚的信徒在朝圣的路上日复一日地磕着长头，用肉身打磨脚下的道路。人们婚丧嫁娶、出门远行、修房建屋，要向神佛祈祷吉祥；难事来临，发生纠纷，要请喇嘛占卜凶吉、明断是非……

TIPS

佛教的佛器（法器）用于祈福、修法、供养、法会等各种佛事，既有实用性，又有象征意义。主要有以下几类。礼敬类：袈裟、项珠、哈达等；称赞类：钟、鼓、钹、白海螺、骨笛等；供养类：香炉、灯台、水盂、供献器（瓶、盘、盒、钵、杯、碗等）、幢幡、白伞盖等；持验类：念珠、金刚杵、金刚铃、金刚橛、灌顶壶等；护身类：嘎乌；劝导类：刻有六字真言的轮、筒、石等。

一般人走进康巴藏地的寺庙，都会对那些面目狰狞、张牙舞爪、怒目圆睁的造像和壁画感到不解。这要从“五佛”的“变化身”说起，佛有“正法轮身”，即“现实身”，还有“教令轮身”，现“愤怒身”，是“由起大悲现威猛”之意。举例说：格鲁派主修的大威德怖畏金刚就是无量寿佛无量尊，因其作用是降服阎魔，其形象就威猛恐怖，按义理讲，就是以智慧力摧破烦恼业障，使众生从“无明”中解脱出来，泛称“愤怒明王”。佛教认为影响人修道的精神和物质的因素都是魔，必须加以抵制和限制，必须借助神佛的威猛力加以摧破、降服。愤怒、恐怖的概念正是因此而有。密宗认为，“大威德怖畏金刚”是“有伏恶之势谓之大威，有护善之功谓之大德”。这种“降伏法”概念推及与其他宗教的斗争中，有“镇服教敌”的意思，推及世俗社会，这种愤怒、怖畏、摧破的概念有维护政教二法、震慑社会的作用。佛教密宗认为，烦恼是修习者内心最大的邪魔，为了修习者能迅速捕捉内心烦恼的邪魔，把邪魔描绘成可视的形象，有利于反思和修行。例如，烦恼由一个踏在护法神脚下的魔怪形象表示，形象可视，且有象征意义和暗示作用。还有密宗造像中的头颅、脑盖骨、胫骨、人的心脏等装饰物，都是假想的人类烦恼的象征物和替代品。

威德金刚是寺庙里常可见到的护法神，其形象是：九头金刚，中间一头是水牛形，头戴骷髅冠，有34只手，16条腿，身蓝色，拥抱着明妃；金刚的腿分两组，一组踩踏着水牛、黄牛等8位天王的象征物，一组踩踏着鹫和枭等八天王的8位明妃的象征物。34只手持有铃、杵、刀、剑等兵器，表示智慧、勇猛、坚定。这种威猛形象就是要以猛力降服恶魔孽障，这就是威；以智慧摧破烦恼孽障，使众生解脱出来谓之“德”。威猛金刚是格鲁派主修的护法神，佛经认为他是文殊菩萨变化来降服阎魔的。

马头金刚，即马头明王、马头观音，他是六观音之一，是无量寿佛的愤怒身。马头仰天长啸，棕红色，三只眼，鬃毛上竖，现仇怒形象。裸身，腰间围虎皮，通身白色，脖子上挂一条蛇，右手举宝剑、左手举绳索，绳索头上有钩，这些法物象征降服、爱敬等。

吉祥天母是女性护法神，其形象是：面色恐怖，头发上竖，头上饰五个骷髅，头顶有半月和孔雀毛；右耳饰小狮子，象征听经，左耳挂小蛇，意味愤怒；腰间挂有账册，专门记录人们所做的坏事，左手的骷髅是专门对付恶鬼的，右手端着骷髅碗，装有血；身上披的人皮是她儿子的；身骑骡子，鞍前下方有两个红骰子，红的主杀，白的主教化；鞍后有个荷花袋装着瘟疫病魔，表明主生死的意思。

战神，即护法神，形象是：红脸，怒发冲冠，三目圆睁，右手举宝剑，左手抓一颗血淋淋的人头正要送进嘴里；肘间有支长矛，上缠毒蛇；战靴下踩着绿色小马，另一只脚踩着几个战俘。

时轮金刚是尊双身佛像，四个头，每头三只眼，左脸红色，右边脸一白一黄。

康北名刹 八邦寺

八邦寺

“三象戏水地一方，项有古刹名八邦。画栋雕檐气恢宏，风动梵铃响叮当。宝像庄严佛光照，四大金刚怒目张。人杰地灵学者多，经书唐卡播四方。”这是德格县委书记秦刚诗中描绘的八邦寺。到了康北地区，无论如何都应该来看看八邦寺。这座气势恢宏、历史悠久的古寺，不仅堪称康巴藏区古建的典范，还因为深厚的文化积淀在康区乃至整个藏区产生了巨大的影响。

德格县八邦乡白曲河畔是个三山环抱、二河夹流的地方，貌若“三象戏水”，被佛界视为吉祥之地。八邦寺就坐落于白曲河畔的山坡上，海拔3900米，占地4000余亩，从河谷望去，栋栋藏房鳞次栉比，随坡就势，密密匝匝，参差错落。这些房屋都是僧侣的住舍，平顶，下部土墙是白色的，上部木楞结构被染成棕红色，为典型的康区传统寺庙建筑。被这些建筑拱围的一个四合院形式的建筑群，其上金顶在太阳照射下光芒四射，这就是八邦寺的主体

高僧曲吉迴乃塑像（杨嘉铭 摄）

建筑，其占地6000平方米，由主大殿、转经房、藏经阁、佛学院、禅修院、印经院组成，布局富于变化，有单层、二层、三层乃至四五层，高低错落，层次感十分强烈。主殿高达24米，巍然高耸，气势宏伟，古朴庄严，墙体由褐红色天然黏土夯筑，墙头为1.5米的贝玛墙，呈黑色。外墙四周的墙檐部分，悬挂一周半月形装饰铜片和风铃，黑色贝玛墙上装有吉祥镀金铜饰，其顶上建有金顶，在太阳下熠熠闪光，显得耀目而夺人心魄。这些建筑的内部，令人目不暇接的是缤纷的经幡、耀目的彩绘、巨幅的壁画、高大的佛像、耸立的大柱……满目纷呈的色彩，一派富丽堂皇。

这座佛寺始建于1181年，即南宋淳熙八年，至今已有800多年的历史，是仅次于西藏楚普寺的康区噶举派主寺。据记载，公元1181～1189年间，巴登向秋能巴受止贡噶举派的创始人止贡巴·仁钦贝派遣，自西藏赴康区八邦一带传布噶举教义时，主持修建了八邦寺的前身兄里寺大殿、讲学院和坐经堂。16世纪时，兄里寺不幸遭遇了火灾，主要建筑被毁。兄里寺存在的500多年的历史中，值得纪念的是有过一位名贯佛界的高僧大德，他就是噶玛拔希，曾被元宪宗封为国师，元宪宗赐予他的金边黑色僧帽后来一直被供奉着。清初时，西藏云游萨迦高僧赤诚俄热看中了兄里寺“三象戏水”的奇丽地形，在其原址上修建了萨迦寺庙，但规模不大，未获发展。清雍正六年（1728），被认定为西藏昌都噶玛寺第八世活佛的曲吉迥乃征得德格土司登巴泽仁允准后，在此基础上修建了噶举派寺庙——八邦寺，并在登巴泽仁的挽留下担任了八邦寺主持活佛，被尊为第一代司徒活佛。

八邦寺建成后影响日益扩大，并成为德格土司第一家庙。土司以法王身份号令八邦寺，同时寺庙也享有很高的地位和很大的权力，司徒活佛有权参加土司的最高行政会议，对土司辖区内政治、经济、军事和文化的重大事项及政令的制定、头人的升迁任命，均有发言权和参与权。清朝朝廷还授予司徒活佛曲吉迥乃“四宝法王”的称号，并将德格土地民众的一半划归八邦寺管理。清乾隆年间，曲吉迥乃还曾两次受诏赴京讲经。1940年，八邦寺8人应邀去重庆参加了抗战胜利祈祷法会。1959年前，八邦寺下属寺庙有300多座，遍布四川甘孜、西藏昌都、青海玉树和云南迪庆等地，寺庙活佛、堪布、喇嘛、扎巴近千人，还有僧兵数百人。拥有森林、牧场4000平方公里，耕地2000余亩，牲畜4万多头。

八邦寺是一个人才辈出、高僧云集的文化名寺，许多活佛、喇嘛以研习五明学而建树赫然，留下了佛学、天文学、文学、医学、文法、历史、艺术等方面的著述。如司徒活佛曲吉迥乃，就著有《印度旅行记》《诗学的解释与参与》《司徒文法广释》等，尼麦曲杰翁波著有《捉鬼记》《花园里蜜蜂的遭遇》，贡珠·颜登降措著有《知识总汇》，喇嘛白马泽西翁波著有《百传全集》，降央朗杰嘉措、降根洛珠塔颜等人都完成了多部重要著作，并有较大的影响。该寺当代著名高僧有高级藏学家、画家通拉泽翁，在70余年的绘画生涯中，集噶举派画法之长，吸收中国、印度、尼泊尔绘画艺术精华，既有继承又有创新，将康巴藏画艺术推向了一个崭新的阶段，赢得了“神奇画师”的美誉。他还著有《藏族绘画史》《藏族医史》《诗境释难》《诗著举例》《文法注释》等多部著作。

八邦寺是一个文物宝库，寺

每年藏历正月十五，八邦寺要举行纪念噶举派大师米拉日巴的佛事活动，僧人们夜晚更换白色袈裟，凌晨出外围寺院诵经、转行（多吉彭措　摄）

内有镀金泥佛像7尊，各种菩萨像1万多尊，其中红黄铜菩萨像多达9838尊，各个历史时期的唐卡画10150幅，经典32400部，木刻印版129845张，纯金誊写的《甘珠尔》一套，其他金银或朱砂书写的经书230余函，还有各个历史时期的诏书、印章等5000余种，各种法器应有尽有。最令人惊心动魄的是大殿内那尊红铜镀金弥勒佛像，高达21米，庄严至极，每一个朝圣者面对这尊巨佛心魄都会被震动，都会感受到一种威慑四海的神秘力量在悄然涌动。

八邦寺曾以“政”和“教”两种力量渗入社会的各个层面而显赫于世，如今，权力的威慑已经终止，但它作为一座大型古寺，作为藏传佛教文化的栖息地和传承地，依然保持着本身所固有的神圣和庄严，依然深深地根植在千万僧众的心中。一年四季，随时都有信徒怀着超越生死的痴迷，不远千里来这里朝圣祈愿。面对这座静穆而恢宏的古寺，每一个信徒的心都会被震动被征服被渗透，他们虔诚地敬香，虔诚地磕头，似乎目光已触及天国，看到了一番灿烂的前景。

TIPS

八邦寺位于德格县西南部八邦乡，海拔3900米，全名八邦圣教法轮寺，是噶举派在康定的主寺，与西藏楚普寺齐名。该寺创建于1181年，曾两次改宗。该寺规模宏大，主殿高达24米，为康区建筑之最佳，有小布达拉宫之称。该寺下辖公寺108座，寺庙高僧层出不穷，在藏区声望极高。该寺既是大小五明学科传播中心，又是南派医药和噶玛噶孜画派发祥地。

藏传佛教寺庙的组织制度

藏传佛教各教派的寺庙都有相应的组织制度，特别是格鲁派（黄教），自15世纪宗喀巴经过宗教改革建立起来后，逐步建立了完善而严谨的组织制度。

格鲁派有多个宗寺，每个宗寺下有多个支寺。宗教的组织由“喇吉”“扎仓”“康村”三级管理机构构成。“喇吉”是上层组织，是全局性的，设首席委员和委员若干人，下设分管庄园经营、财务收支、军事、教务等多名僧官。“喇吉”下面的“扎仓”是中层组织，由几个“康村”组成，有自己的僧侣群体和佛殿，有自己的土地、牧场、房产和独立的经营活动。“扎仓”的总主持人是堪布，主管全“扎仓”的政务、教务和财务，其下有拉彰强佐一人，相当于副职，有强佑多人分别管理产业、接待施主、对外联络。有格贵（俗称铁棒喇嘛）管理僧众纪律。堪布由取得“格西”学位的有学问的喇嘛担任，但必须经过政府批准任命，西藏寺庙的堪布由西藏政府批准，康巴寺庙的堪布由土司或政府批准。

扎仓的下级组织是康村，这是寺庙的基层组织。一个地区或一个区域而来的僧人组成一个康村，具有地域特点。康村设执事委员会，由德高望重的僧人负总责。康村不仅管理全康村的僧人，也管理这些僧人所在地域的民众宗教事务。

普通僧人生活和活动都在康村。按律经规定，小孩七八岁出家，被堪布剃头授沙弥戒后，要到20岁才可授予比丘戒，戒律有253条。入寺小僧从学藏语文开始，逐步学习佛教经典。学经的方法主要是诵经、听老师讲经、辩经。学制在13年到15年，学成后可申请参加考试答辩，如通过，可获得“格西”学衔。“格西”分多个等级层次，第一层次格西的考生必须通过西藏三大寺高僧参加的大型答辩会。考取这一学位是极难的，一旦考取，就可担任高级僧官。

假日

惠远寺远眺

从康定向甘孜北部去，在四川道孚县八美镇可见到一条岔路指向东边的丹巴、阿坝方向。司机贡确罗布说，从那条岔路上去，八九公里处就是惠远寺了，应该去看看。我说去目的地石渠县还有近千公里路程，中途再东拐西拐，开车太辛苦了。这位康巴大汉慨然地说："哦嘿，车子跑路，辛苦的是车子。"说着就停车调头，沿岔道向东驰去。

秋日的早晨，沿途景色美极了。茂密的林木、广阔的草地、蜿蜒的河流、金黄的青稞和错落的藏房，共同镶嵌成田园牧歌式的图画。青、黄、蓝、白、绿各种色块相间相拼，在朝阳涂抹下，显得格外浓重耀目。远方的山脊，舒缓而绵长，在蔚蓝的天幕上划出了道道优美的曲线。山坳里飘漫着乳白色山岚，如梦似幻。

大约走了一二十分钟，前面就出现了一个椭圆形的盆地，"这就是乾宁"，贡确罗布说。盆地里海拔也有3600米。在古籍中，乾宁是个经常出现的地名，明清时代，这里既是交通要冲也是商贸重地，内地有不少汉人曾到这里经商或采挖黄金，最终在这定居下来。由于地处汉藏交会地带，这里在清朝时一直被视为军事重镇，曾驻有重兵。乾宁早先是一个县，后一分为二，一半归了康定，一半归了道孚，这个盆地就属道孚县的协德乡。藏语里乾宁这地方叫噶达，源于藏族的一个古代人名。据贡确罗布讲，唐贞观十五年（641），吐蕃曾派一名叫噶尔·东赞的国相出使唐朝为藏王求婚，这位使者潇洒俊逸、机智过人，深得唐太宗赏识，唐太宗便答应将文成公主嫁吐蕃，同时将一段氏女子许给这位使者为妻，并想以此留使者为人质。但噶尔·东赞归心似箭，不愿留驻长安，便于夜间趁守军不备逃出了长安。为避追兵，他专走偏僻道路，经松潘、金川到了乾宁。后人为了纪念他，就将这个地方叫作噶尔达，简称噶达，意为“噶尔·东赞脱险”。

著称于世的惠远寺就伫立在这个盆地中，远远看去，这寺庙与藏区其他寺庙迥然不同：藏式夯土筑墙，屋檐突出藏式色彩和装饰，但墙体却不是通常的赭红色，而是正面土黄色，两侧为白色。屋顶为斜坡式琉璃屋面，属硬山式建筑。这座藏汉结合的宫殿式建筑，气宇轩昂、豪华庄严，其顶部有鲜明的佛寺特征：金瓦顶楼，配有金幢宝瓶和法轮异兽；门窗浮雕，檐檩绘有历代帝王及战将画像，有各种唐卡画、佛神像，门枋上雕有九龙九狮，据说为清朝朝廷御赐。大殿四周是一排排僧房，像汉地的大庭院，楼堂庭廊布局严谨和谐。

据介绍，这座黄教寺庙初建于清雍正七年（1729），当时准噶尔部崛起，西藏局势不稳，清朝朝廷为使七世达赖喇嘛格桑嘉措避开准噶尔锋芒，便安排其驻锡在乾宁这个地方，同时征地500亩，拨银两修建了庙宇、宫殿楼房1000余间，平房400间，并派1800名清兵驻守保卫。由于活佛移居于此，这个寺庙很快就变得热闹非凡，达官贵人、佛界高层往来不绝，民间商贸也迅速发展，寺庙旁民居建筑日益增多。待西藏局势稳定后，朝廷派果亲王带着章嘉活佛若比多吉护送七世达赖返回西藏时，这个地方已形成了一个镇子。到了光绪十八年（1892），十一世达赖喇嘛凯珠嘉措又恰巧转世于惠远寺附近的漫却村，这使惠远寺更是名声远扬，成了藏族民众前来朝圣的圣地。

走进大殿，贡确罗布立马表现出了一个信徒对佛的崇敬与虔诚，他时而敬香，时而捐钱，时而面对佛像嘴唇翕动着，不知在祈祝什么。我环顾大殿，只见高梁厚柱，陈设富丽，佛像庄严，壁画清晰醒目，彩绘色彩艳丽。眼前的一切都

山门

惠远寺围墙佛塔

惠远寺大殿

灿烂，一切都辉煌，却似乎少了些古香古色的韵味，少了些悠久岁月的痕迹，少了些历史的韵味。

走出大殿后与一位喇嘛攀谈，他告诉我，这佛寺屡修屡毁，屡毁屡修，就像佛一样，也是饱受了磨难。最初修建的寺庙在清乾隆五十年（1785）遭到地震，殿堂僧舍被毁；修复后不久，到乾隆五十八年（1793）又第二次遭地震，大殿梁架断裂，墙体裂缝变形；到嘉庆十六年（1811）又经受第三次地震，房屋多有倒塌；到光绪十九年（1893）又遭受第四次地震，寺院只留下一片残墙断壁。但无论损毁多严重，都很快会得到修复或重建，因为这座寺庙有显赫的宗教地位，对远离皇权中心的周边地区

山门

神佛共居
影像
香巴拉
SHENFO GONGJU

有着统摄与教化的功能。他还说光绪十九年重建的寺庙在“文化大革命”中也遭到破坏，20世纪80年代以后政府拨款又进行了恢复。所以，我们现在看到的这些壁画、彩绘和塑像，都是20世纪80年代的作品。

惠远寺，作为七世达赖的驻锡之所，昔日的辉煌只能靠想象了；乾宁，作为古时的军事重镇和交通要冲，昔日的喧腾也只能靠想象了。不过作为一处佛教圣地，它强大的磁性和无时不有的引力，却并没因岁月的流逝而消退，朝圣者依然是络绎不绝。

TIPS

惠远寺位于四川道孚县协德乡境内，距县城110公里，距康定市塔公寺43公里，距道孚县八美镇约15公里，距亚拉自然风景区17公里，寺庙所在地海拔3600米。惠远寺于清雍正七年始建，当时朝廷为保七世达赖安全，专为其修建此寺。七世达赖在此驻锡5年多后才被朝廷送回拉萨。该寺初建时占地500亩，房舍千余间。该寺1982年对外开放，目前僧侣200余人。

佛和菩萨的宝座

佛、菩萨、诸天及比丘等的台座、坐骑或坐物统称宝座，式样有多种，名称也有多种。佛陀成道时坐于菩提树下金刚座上，座上铺有吉祥草，后世称其为吉祥宝座。诸天的宝座，有下列几种：一是莲花座，是以八叶莲或千叶莲作为诸尊的台座，这是佛、菩萨台座中最普通的一种。传说释迦牟尼诞生前曾现八种祥瑞，其中之一就是池中生出大如车轮的莲花。二是金刚座，也称菩提座，是释迦牟尼在菩提树下成道时所坐的那块平而圆的大石头，其下有金轮。《俱舍论》说："唯此洲中有金刚座，上穷地际，下据金轮，一切菩萨将登正觉，皆坐此座上，起金刚喻定……"《大唐西域记》也说："菩提树垣正中有金刚座……下极金轮，上侵地际，金刚所成，周百余步，贤劫千佛坐之而入金刚定，故曰金刚座焉。"三是须弥座，即以须弥山山形作为台座。须弥山，在印度古代传说中是世界的中心，自然也就象征性地成了佛陀的座所。须弥座有木制的也有石制的，其形状有四角和八角两种。经书上这样解说四角须弥座："于龟背上想素字，变为妙高山，四宝所成。又想剑字，变成金山，七重围绕。则于妙高山上虚空中，想毗卢遮那佛，遍身毛孔流出香乳雨，澍七山间，以成八功德香水乳海。于妙高山顶上，以成八叶大莲花，于莲花上有八大金刚柱，成宝楼阁。于莲花胎中想纪哩字，从字流出大光明，遍照一切佛世界……"经书这样解说八角须弥座："于其座上想波罗、吽、剑等三字，以为须弥山，其山众宝所成而有八角。"四是天衣座，用天衣敷于台座上，所以叫天衣座。五是磐石座，多是明王部呈愤怒相诸尊的主座，如不动明王足下所踏的磐石。六是荷叶座，诸天常以荷叶为台座。七是鬼座，明王、护法神或坐或踏于鬼身之上。八是云座，如飞天或净土诸尊菩萨或坐或立于祥云之上，故称云座。九是鸟兽座，诸尊以鸟兽为御乘的坐骑称鸟兽座。

护法神壁画

理塘寺，即长青春科尔寺（多吉彭措 摄）

长青
春科尔寺

长青春科尔寺（俗称理塘寺），位于四川理塘县城北侧的索摩拉山山麓，坐北向南，依山而建，房舍鳞次栉比。按佛教说法，此寺的风水极好，后有巨象、大鹏、财神等十相自在图幻化的大山为依托，前有无量寿甘露、莲花生甘露幻化的河水所环绕，是一个法轮常转、妙谛永存的地方。所以该寺取名弥勒法轮之意——“长青”即弥勒之意，“春科尔”为法轮之意。

长青春科尔寺是康区规模最大的黄教寺庙，历史悠久，气势雄伟。在山麓下远远望去，殿宇突出，金顶高耸，经幡飘动，诵经声隐隐约约，恍若来自历史的深处。

长青春科尔寺创建时间在明万历八年（1580）左右，其前身是本教的邦根寺。那个时期，青藏高原原始宗教本教的发展已到了停滞的阶段，而藏传佛教的各派尤其是格鲁派（黄教）发展呈现出盛旺势头。所以，本教也开始了前所未有的改革，一方面是许多寺院吸收了佛教的一些内容，从理论和实践两方面进行自我改造，一方面是部分寺庙干脆改弦更张，成为佛教寺庙。就是在这样的背景下，格鲁派领袖、三世达赖索南嘉措到理塘后将本教邦根寺改为格鲁派寺庙，取名长青春科尔寺。

索南嘉措在蒙古法王和丽江木氏土司支持下，修建了大招、吴王两殿，并成立机构管理信众布施。由于索南嘉措的崇高地位，该寺创建后知名度很高，深得人们的景仰，香火一直旺盛不衰，规模也在不断扩大。到了20世纪初期，该寺迎来了一个发展高潮。作为达赖喇嘛的代表，该寺二世香根活佛自西藏回到理塘后，动员僧俗两界共同努力，扩建了大招、吴王二殿，新建了各种房舍，新增了经学院。这时候，寺庙已达到南北长500米、东西宽300米的建筑规模，拥有僧房400余座1300多间，僧侣曾达4000余人，正如《理塘县志》所描述："凌霄耸汉，瓦盖皆饰以黄金，内塑诸玉佛像。百楼镂嵌，幢幡宝盖，辉煌巨丽……旁环大小寺数十座，一望重楼叠阁。"

走进寺庙大殿，更是一派辉煌富丽景象：大柱耸立，梁枋绘彩，幡幢高悬，酥灯通明，佛像威严。释迦殿供有佛祖坐像，珊瑚为冠，金玉为饰；从大门到内壁，布满宗教故事壁画，人物千姿，色彩耀目；在大殿内的禅房里，有一、二世香根活佛灵塔，紫铜镀金，高约3米，塔身錾有花

三世达赖喇嘛赠送给长青春科尔寺的马鞍（多吉彭措　摄）

长青春科尔寺

纹图案，镶嵌有金刚石、珊瑚、松耳石、翡翠、玛瑙等各种宝石，工艺精湛，华贵富丽。

为了长青春科尔寺的发展，一、二、三世活佛都采取了“亲汉近藏”政策，取得了西藏和汉地政府的双重支持，民国年间，三世香根活佛还特别受到西康省政府的重视，被委任为西康省参议员。同时，寺庙以寺养寺，成立专门机构从事商贸经营，其业务涉及国内多个大城市乃至国外。

TIPS

长青春科尔寺又称理塘寺，属康区第一大格鲁派寺庙，位于理塘县城北侧的山坡上，占地500亩，寺庙僧侣800人。该寺于1580年由三世达赖索南嘉措创建，建筑宏大，文物众多，现有佛殿、经堂20多座，还有20多座活佛宫室、400多座僧舍。每年藏历六月初三作为民族传统节日，该寺带头开展、举行规模宏大的“祝毕日晓”（转山节），来祭拜神山，这是为纪念七世达赖格桑嘉措的诞生而举办的节日盛会。

藏传佛教的僧职称谓很多，大体可分为封号性称谓、学位性称谓和寺院组织中僧职称谓三类。

封号性称谓是由中央王朝授封的称谓，有极高的声望。中央授封是从元代开始的，忽必烈即元帝后封萨迦派八思巴为国师，授予管理全国佛教及藏区事务之权，后又升八思巴为帝师，八思巴由此自任萨迦法王，并任命本钦释迦尚波统领西藏，僧俗并用，为政教合一制度的形成打下了基础。

1406年，明朝永乐皇帝封噶玛噶举黑帽系第五世活佛德银协巴为“万行具足十方最胜圆觉妙智慧善普应佑国演教如来大宝法王西天大善自在佛领天下释教”，简称“大宝法王”，沿用至今，为噶玛噶举黑帽系活佛专用尊号。“大慈法王”是明朝对格鲁派高僧授予的僧职称谓。1415年，明朝廷封宗喀巴弟子释迦耶希为“妙觉圆通慈慧普应辅国显教灌顶弘善西天佛子大国师”。1434年，释迦耶希又被明宣宗皇帝封为“万行妙明真如上胜清净般若弘照普应辅国显教至善大慈法王西天正觉如来自在大圆通佛”，简称“大慈法王”。1413年，萨迦派高僧贡嘎扎西应邀进京，被明成祖封为“万行圆融妙法最胜真如慧智弘慈广济护国演教正觉大乘法王西天上善金刚普应大光明佛领天下释教”，简称“大乘法王”。明宣宗时，岷州地区高僧班旦扎西应召入朝被授予“净觉慈济大国师”，明英宗时晋封为“西天佛子大国师”，明代宗时再晋封为“大智法王”。1406年，明成祖封帕竹噶举派主寺泽当寺第五位寺主扎巴坚赞为“阐化王”。除此以外，明朝对藏传佛教高僧的封号还有很多，如赞善王、护教王、阐教王、辅教王、灌顶国师、灌顶大国师等等。

清朝时，朝廷对藏传佛教高僧也多有封号，尤其对格鲁派极为重视，对格鲁派各系统活佛授予僧职称谓，如达赖、班禅、章嘉、哲布尊丹巴等。

学位性僧职称谓在藏传佛教享有很高的威望。这种僧职称谓由僧人经过一二十年清苦修学后经过严格的考核才能获得，标志着僧人在佛学知识领域已达到相当高的水准。学衔有多个层次，在藏语中统称“格西”。第一层次叫“拉然巴”，必须在拉萨大昭寺传昭大法会上通过三大寺高僧参加的辩论才能考取，是显宗中最高学位，极难得到。第二层次叫“措然巴”，考生必须在小昭寺举行的大法会上通过有三大寺高僧参与的答辩并取胜才能获得这一学衔。第三层次“林赛”格西，通过西藏三大寺中任何一寺院的答辩就可获得。第四、五、六、七层次的学衔是通过了某一寺院举行的答辩就可获得，但有资格授予这种学衔的寺院是极少的。另外还有些专业性较强的格西学位，其等级地位较低。第一层次的“拉然巴”格西是极高学衔，也是极难获得的，近似汉地考进士。考取“拉然巴”就意味着进入了高层次僧侣的行列，就可担任高级别的僧官。

在寺院组织机构中任职的各类僧官都有僧职称谓。藏传佛教各教派、各教派支系都有各不完全相同的机构和不同的僧职称谓。以格鲁派为例，大型寺院中主要僧职有下列几种：赤巴、措钦夏奥、措钦翁则、措钦吉瓦、堪布、格贵、翁则、郭聂等。

赤巴就是掌管全寺一切宗教活动或事务的总负责人，从“扎仓”堪布中推荐，为德高望重者。赤巴也称法台、总法台，其宝座设在寺院的大经堂内，大经堂也是全寺最高权力机构，重大宗教活动也在大经堂举行。措钦夏奥是大寺院里的司法官，负责僧纪纠差、纠纷处理，是执行寺院各项清规戒律的高级僧官。措勤翁则这一僧职很业务化，相当于寺院里的教务长，负责管理各大经堂举行的各类宗教活动。措钦吉瓦，主要负责管理寺院财务、经营管理、后勤及基建等，相当于一个大管家。堪布，民众接触最多的僧官，相当于汉传佛教寺院里的方丈，又称师傅、大师、亲教师等，这一僧职是大寺院或寺院下属的各个“扎仓”的权威主持人。格贵，职责与前面说的“措钦夏奥”基本相同，但权力要小些，主要掌管各寺院或“扎仓”僧人的名册和纪律，既是纠察官，也是掌堂师。翁则与上述的“措钦翁则”的职责近似，掌管寺院大经堂或扎仓经堂内的诵经功课和宗教礼仪，经常要领诵经文，一般声音都很洪亮。郭聂是掌管各寺院或扎仓中一切财物的僧官，担任的是管家和管理员的角色，相当于“措钦吉瓦”的副手。

哈达献给强巴佛

旷野里的佛塔

四川石渠县是藏传佛教胜地，萨迦、宁玛、噶举、格鲁四大教派都把根须植进了那片土地，共建有寺庙46座。寺庙是佛教文化和世俗文化的宝库，也是高僧和学者的摇篮。最早的寺庙是建于唐贞观元年（627）的志玛拉宫（度母庙），最大的寺庙是建于清乾隆二十五年（1760）的色须寺。

色须寺位于瓦土乡，有大经堂5所，转经楼两幢，殿堂僧舍1000多间，全盛时僧人达到1200多人。色须寺是康北地区唯一有资格给僧人授格西学位（相当佛学博士）的格鲁派大寺，典籍丰富，文化深厚，造就过一批名冠藏区的高僧和佛学大师，如米旁·降央朗杰嘉措对藏文化的发展做出过杰出贡献，有“医圣”和“文豪”的美誉。他的《国王修身论》《米旁全集》等著作，堪称藏文化的砥柱之作。

色须寺坐落在斜坡上，远望去白墙雕房随坡就势，密密匝匝，错落有致。三层大殿耸立于高处，极为壮观。大殿内灯火辉煌，经幡、彩绘和神像光彩夺目。一尊高约20米的铜质镏金弥勒佛像（藏区称强巴佛）巍然屹立，这是整个藏区的第二大弥勒佛像。据说堪称第一的是西藏日喀则扎什伦布寺的弥勒佛像，有26米多高，耗铜10万多公斤，耗金300多公斤。色须寺这尊巨型佛像不知耗用多少铜和金呢！金子是世俗社会最受崇拜最被珍惜的宝物，在物质财富极不丰盛的藏区，用大量黄金为神佛造像，这是对世俗极大的挑战，这是何等的精神和气魄！

佛教认为，弥勒佛是释迦牟尼预言中的未来佛，在兜率天（藏语尔甘丹）宫中待命。据佛经记载，弥勒佛是南天竺人，释迦牟尼的弟子，释迦预言在他圆寂五十六亿七千万年后，弥勒佛将示现世间，在华林园华龙树下弘扬佛法，教化众生。那时，天下就会和谐太平，五谷丰登，树木长久，人身高可达8尺，寿长可达8400年，人类可真正实现解脱，世界将是一片没有物欲、没有争斗的净土。所以，许多寺庙里供有三世佛，中间是现实中的释迦牟尼佛，左边是代表过去的燃灯佛，右边是代表未来的弥勒佛。

弥勒佛造像有多种，都是根据经典所述而为。菩萨形象的弥勒菩萨主要表现为上生在兜率天宫为诸神说法时的形象，菩萨装束，两脚交叉而坐，或是左脚下垂、右手扶脸颊的思索状，表示弥勒佛在天宫等待降临人间的情景；如来形象的弥勒像是弥勒下临世间成佛后的形象，与释迦牟尼佛造像近似。而汉地的弥勒佛则是整天乐呵呵的光头和尚形象，这一造型缘于唐末五代后期浙江奉化一个和尚的形象。据说奉化的那名和尚矮而胖，袒胸露腹，性情温和，常提个大袋子化缘，他虽说话语无伦次，却能给人预测未来凶吉。一天，他盘腿坐石上念了一阵有关弥勒佛的偈语后就坐化了，后来人们认定他是弥勒佛的化身，就按照他的形象塑造了弥勒佛像。明太祖朱元璋曾下令全国寺院造大肚弥勒

强巴佛塑像

色须寺

佛像供奉于天王殿中，从此，这一形象在汉地被广泛接受。在藏区，弥勒佛被称为强巴佛，其造像也与汉地迥然不同，多与释迦佛近似，瘦身，面目慈祥，双手结法印，左肩处是净水宝瓶，右肩处是法轮。

由于人们对未来佛寄托的心愿太大太多，为其塑造的像也就特别巨大，北京雍和宫万福阁中的弥勒佛像，由一根完整的白檀香木雕琢而成，高达18米；四川乐山依山而做的弥勒佛像通高71米，是世界上最大的佛像。而最大的弥勒佛铜像，则是上面提到的扎什伦布寺的弥勒佛像，色须寺这尊铜弥勒佛像在当今也算是屈指可数的了。

弥勒佛示现世间，还要等待数十亿年。对于人的生命来说，这是个漫长的不可思议的时间，但佛教不会因此而失望。佛教称时间的长度为“世”，“世”的最长单位为“劫世”——相当大梵天的一个白

强巴佛塑像（杨嘉铭　摄）

天，即人间的43.2亿年。在如此的时间概念里，生命短暂如瞬间，还有什么世俗之念不可抛弃？又为什么不把美好的期望寄托于未来？

我们仰望着色须寺这尊金碧辉煌的巨佛，巨佛在眺望着无限遥远的未来，在与宇宙对话，我们显得渺小而卑微，只能仰视他。

大殿里极其安静，那些远道而来的信众，他们有牧民、学者，一次次地匍匐于地，我也拿出一条洁白的哈达，真诚地奉献在巨佛的面前。

TIPS

四川石渠县色须寺位于距县城约10公里的瓦土乡，是甘孜州最大的寺庙群，由100多个寺庙组成。该寺为格鲁派寺庙，现有僧侣千余人。寺内藏有佛经、佛像数以万计，供奉的弥陀佛像高约20米，为藏区第二高。寺庙设显密两大学院，下属5个康林（分院），是康区有资格授“格西”学位的两大格鲁派寺庙之一。该寺每年举行辩经活动时，全藏区格鲁寺庙都派人前来参加。该寺还设有藏医院、老人院、西康慈善会、孤儿技术学校等。

南方增长天王护法神壁画

寻访‹‹‹

松赞林寺

走上海拔3300米的迪庆高原，满目风光令人流连忘返。宽坦灵秀的伊拉草原，清澈碧透的纳帕海，充满神秘色彩的白水台，险峻莫测的香格里拉大峡谷，还有湛蓝的天空、黛绿的森林、徜徉的牦牛、高耸的青稞架，都给人崭新的审美快感。但你若不去高原名寺松赞林寺（又名归化寺），无疑是很大的遗憾，这表明你的迪庆之旅是不完整的。我把希望寻访松赞林寺的想法跟藏族朋友讲了，他没有加以评论，但眼睛分明是突然亮了起来。末了，他表示要开车送我去松赞林寺。

汽车驶出香格里拉市——也是迪庆州首府所在地，绕过一道长长的山梁，前面突然跃入眼帘的是一个庞大的建筑群，这就是被称为小布达拉宫的松赞林寺，坐落在呈流线型的山丘上，大大小小的房屋覆盖了整个山头，顶端两幢五层藏式雕楼，名扎仓、吉康，坐北朝南，雄居中央，是寺的主体建筑。墙体棕红，层台高拱，檐角高翘，斗拱层叠，镀金铜瓦，旗幡飘扬，远远望去，气势雄伟，金碧辉煌。从山顶顺势而下的，是栋栋白墙黑顶的小屋，鳞次栉比，随坡就势，参差错杂，密密匝匝。该寺于1679年破土动工，1681年竣工，那时候，康巴藏区灾害多，七年连续无收成，民众不遵法度，僧侣不守清规，为了强化宗教统摄力，统治者经清康熙皇帝准许，决定在藏区建十三林，松赞林是其中之一。五世达赖赐名“噶丹·松赞林”。寺院建成后，成为云南最大的藏传佛教寺院，香火旺盛不衰，时常是这样一派撼人心魄的情景：在浑厚的法号声中，酥油灯青烟袅袅，五色经幡缓缓飘动，身穿红衣头戴鸡冠帽的喇嘛的诵经声此起彼伏，朝圣的信徒络绎不绝……

汽车在大殿后的入口处停下，一股强烈的酥油烟味扑鼻而来。我静立着，注视着墙皮已有剥落但在秋日阳光照射下依然巍峨庄严的殿宇，心中陡然生出莫名的感慨而没有立即向殿内走去……那些成千上万的朝圣者，受精神感召艰辛跋涉，栉风沐雨，在漫长的路上或长跪不起，或伏地而进，一步一叩……而我们却轻而易举地就来到了这里。

同行的藏族朋友拉我进了大殿。这是个空旷而昏暗的空间，众多方形大柱耸立其间，壁画彩绘墨浓色艳，殿内供有巨大佛像，足有两层楼高，有弥勒佛像和宗喀巴以

松赞林寺

松赞林寺大殿

及五世达赖铜像、七世达赖铜像。大殿两壁为藏经的“万卷阁”。大殿虽为土木建筑，气势却浩大，据说可容纳1600名僧人念经。殿内神龛上成百上千酥油灯燃烧着，辐射出红黄的光晕，青烟的气息连同宗教的气息扑面而来。同行的藏族朋友对寺庙怀有一种令人吃惊的虔诚，每到一处必认真叩首、点香、点灯、捐钱，他还为我准备好一叠新的纸币，教我如何在神龛前敬神。他不厌其烦地示范着，目光专注，脸色木然，嘴唇不时翕动着，想必是在默念祈祷之词。那样子已完全进入无人境界，似乎冥冥中与佛有心灵之约。

从一个大殿到另一个大殿，扑面而来的还是经幡、彩绘、神像、哈达、酥油灯，还有川流不息的游客。大殿的一角，有一个空间，亮亮的，是太阳从天棚上泻下的橘红色的光。这里有上楼的阶梯，沿阶而上，所见是另一番情景：长长的拐弯的走廊上，竖着很多转经筒，络绎的人群依次前进，依次顺时针拨动着转经筒。他们默默地走着，脸上凝固着庄严和神圣。楼上有精舍佛堂，供奉着佛像多尊，有大大小小的各具宗教用途的殿、厅、舍，在一间面积不大的厅里，神像前常有信徒前来跪拜，跪拜时双手着地向前搓去，直到整个身子伏在地面。地板上放着两块垫手的垫子，木地板上已被搓出两道深深的槽痕。

在大殿楼顶放眼远眺，中甸高原尽收眼底，连绵的山梁、淡黄的草地和秀丽的河流在阳光下闪亮，寺前是早已干涸的卓玛湖，两侧是收割后的草坝和高耸的青稞架，南边是森林密布的高山，西边远远可见晶莹的高原雪山。真是个居高临下、山水环抱的好地方！是谁为寺庙这样选址的呢？权力操持者和佛界人士对此不曾直言，于是就演绎出一个有神秘色彩的传说：很久以前，有高僧从此路过，忽见山丘上空横陈一道红色祥光，金云拂飘，紫气弥漫，祥鸟群集，顿时心魄惊动，预言将来这里必定众僧云集，香火旺盛，后来建寺时，又传说五世达赖占卜选址得到这样的神谕：“林木深幽现清泉，天降金鹫嬉其间”，四处寻找，果见此地景象与占卜吻合。凡此种种传说，不仅为证明达赖选址占卜的灵验，更能使寺院平添几分神秘和神圣。

据介绍，寺庙建成后很快成为滇川藏交会处方圆千里的藏传佛教中心，鼎盛时僧侣达3000多人，他们在此讲经论道、著书立说，弘扬佛法、传播文化，有严格的清规戒律、严格的教学组织，有完备的教义和教法体系。藏传佛教也因该寺院的存在而渗入社会生活的各个层面，寺院成了本地政教合一政权的最高权力机构。如今，权力带来的荣耀已被历史的风雨洗刷一空，剩下的只是作为一座大型宗教寺院本身所具有的庄严和神圣。在纯净的太阳的照射下，在浓郁的宗教氛围的笼罩下，古寺是那般耀眼，那般气势恢宏，那般摄人心魄。辉煌浩气的大殿，高大粗壮的金刚大

百年唐卡

大殿门口络绎的信众和游人

柱、庄严肃穆的神像、高高矗立的佛塔、贮满阁楼的经卷、八尺包金释迦牟尼神像、金汁绘就的佛像唐卡、金粉书写的一百多部《甘珠尔》、写在贝叶上的经书、难以尽数的法器宝物，依然让人激动，让人产生心灵的震动和超世的旷达。是的，松赞林寺，作为藏传佛教的传承地，已成为众多信徒的精神象征，作为藏传佛教文化的栖息地，已深深根植于人们的心中。

即将告别松赞林寺，同行的藏族朋友非拉我去大殿前的广场上留影不可。这是个广阔的平台，在这里背靠巍峨的大殿，前可俯瞰无边无际的山峦、草地和溪流。秋日的阳光在头顶照耀，温柔的秋风在额头抚摸……朋友说一定要在这里照相，照片带回去可保吉祥平安。

拍过照，乘车离开了古寺。我一直回着头，透过玻璃窗注视着那个庞大的古建筑群，直到山梁挡住了视线。

TIPS

松赞林寺又名归化寺，是云南省最大的藏传佛教寺院，距香格里拉市仅5公里，海拔3300米，该寺建筑宏伟，是一座古堡式建筑群。该寺曾与红军有过一段情缘，1936年夏，贺龙率领红二方面军经过香格里拉，贺龙、萧克亲到该寺拜访活佛还赠有锦旗。该寺为红军筹粮10000多公斤，还派出僧侣为红军当向导。香格里拉旅游，必去松赞林寺。

活佛坐床仪式（多吉彭措　摄）

康北的宁玛派寺庙

由于历史、政治和地理的特殊性，康藏地区没有出现一派独尊的局面，各教派相容共居、竞相发展，都创立了众多的寺庙。宁玛派在康区有多少寺庙，还没见到准确的资料，仅在四川甘孜州地区，现存213座，且大多分布在康北地区。

同其他教派一样，宁玛派寺庙不仅是僧侣生活、学习、传教的场所，也是民族文化传承发展的摇篮，那里不仅荟萃众多的文化典籍和珍贵文物，也培养了层出不穷的高僧和名贯藏区的学者。对于民众来说，宁玛派寺庙也同其他教派寺庙一样，是建筑的典范，是文物的宝库，是佛教文化的标志，是神佛的所在，是值得向往和崇敬的圣地。走进那一座座大寺，高耸的佛塔、雄伟的塑像、精美的法器、五彩的经幡、精美的唐卡、怪异的神舞、低沉的法号……样样都令人惊叹称绝。

康北的宁玛寺庙有数十座之多，这里简单介绍几座。

高僧云集的竹庆寺

位于四川德格县竹庆乡更达村的竹庆寺，是一座环境优美的寺庙，建筑物依山布局，错落有致，前有广阔草原，后有秀峰，四周森林环围，风景美丽如画。

竹庆寺全名竹庆邬坚禅林，“竹庆”意为“大圆满”，由五世达赖派遣在家弟子、宁玛名僧白马仁真于清康熙二十四年（1685）创建。创建的理由是“宁玛祖师莲花生大师曾莅临竹庆，竹庆为宁玛圣地”，寺庙建成后，白马仁真任第一任第一权位活佛，俗称“竹庆仁布钦”。该寺在清代处于兴盛期，曾大规模扩建，新增了协日升佛学院、觉悟普佛学院、扎巴学校，后来还增加有登弄卡修法院、著扎修法院等，形成了一个庞大的建筑群。其中最雄伟的建筑是它曾有的大殿（现已不存在），占地1600多平方米，共三层，一层主供三世佛及八大菩萨，墙面有用金粉、银粉、珊瑚粉等原料绘制的巨型佛教故事画，一百多根大柱上，全是用金银镶嵌的神佛像；二层共有八座舍利塔，设有千尊莲师、千尊文殊菩萨、千尊观音、千尊金刚萨埵、千尊药师佛等殿堂；三层是供奉大

竹庆寺

康北大寺竹庆寺所在地

日如来明照佛的坛城。大殿顶部覆以金瓦和宝石，金碧辉煌，耀目十里之外。

竹庆寺原本是一座文物宝库。寺内唐卡、壁画极为丰富，并且有清果亲王赠送的108尊镀金佛像，还有大量宝贵经典和法器。不幸的是，1959年2月7日，在第六世竹庆活佛益西洛布、管家若巴等人煽动下，竹庆僧侣配合反动头人发动武装叛乱，焚毁了寺庙大殿和部分僧房，导致建筑、文物等财产遭受重大损失。

竹庆寺建寺后的二百多年间积极参与政治活动，在土司辖区政治统治中占有相当位置，成为德格土司五大家庙之一，由于该寺创建人白马仁真活佛与五世达赖为师徒关系，第三世活佛叶龙又与九世达赖为表兄弟，加之该寺曾受过清帝册封，有“国师庙”之称，因而有了很高的地位，在宗教、政治、经济和武装等方面享有较大的特权。到民国晚期，该寺规模快速发展，辖寺多达200余座，遍及川、青、藏各地，有土地草场1000多平方公里、寺属农奴500多户、牲畜7000多头，年收入青稞10万多公斤。现在寺庙收入主要靠牲畜饲养、印售经书、雕塑绘画、建筑、医疗、商业等。

该寺是藏传密宗大圆满法的教授传承发源地，有较高的地位和影响，因而汇聚了一大批各教派极有才华的高僧，使各教派各民族间的宗教文化得到广泛的交流，也促进了寺庙文化的发展。

该寺的协日升佛学院是宁玛派修习的最高学府，云集了众多学问渊博的高僧，藏区僧侣修习宁玛经典者无不向往到这里求师修法。该寺长期以来造就了一大批学富五车的僧侣，如益西安颜、巴珠、吞涅、益西洛布等等，他们都有产生广泛影响的著作。此外，该寺在《格萨尔》传统藏戏、雕塑绘画、医学等的研究、推广和应用方面取得了独到的成果。

竹庆寺招收僧侣除奉行“子孙制”和“十方制”外，还有另外的途径：每年给林葱土司和德格土司念经不收钱物，以土司责送数十名俗家子弟入寺当报酬；若为贫苦人家念经，对方无钱为酬，就以其家幼童入寺为条件。在教务活动中，寺庙鼓励各地区、各教派、各民族

萨迦派卡多寺火供仪式（多吉彭措　摄）

僧侣来修法，设基金奖励学生，允许各教派僧侣在讲学院学习显教并讲经。灵活的教务活动，吸引了众多僧侣前来学经修法，使寺庙兴盛不衰，势力不断增强。

该寺设有8个活佛系统：竹庆、邦洛、古学、斑洛、布足、格松、钦则、汪波，其中竹庆活佛为最高首领。行政系统由活佛、管家、堪布、格古组成“寺政会议”“任免会议”“寺教会议”“寺战会议”“征差会议”等权力机构；设主管寺法的“法王”，主管寺属牧民行政事务的“政王”，主管寺庙辖区无业游民的“丐王”；将僧侣按其原籍划分为竹庆、玉隆、林葱、扎柯“四部”，以便管理。其中活佛8人，堪布4人。到1995年前后，该寺僧人增加到约500人。每年藏历一月，分布各地的300多座分寺都要派僧人来竹庆寺参加莲师大法会和普巴金刚大法会；四月底，由40位金刚上师带领数千僧人在大殿内设40个不同的修供坛城，其场面盛大之极。

历史悠久的噶拖寺

噶拖寺全名“噶拖多吉丹寺”，是一座气势恢宏、驰名中外的宁玛派大寺，位于四川省白玉县河坡乡多尼山的半山腰，占地约1平方公里，建筑群自下而上依山势布局，层层叠叠、错落有致，均为飞檐式屋顶，庄严肃穆，雄伟壮丽。关于该寺建于此的原因，有多种说法，一说这里有一处白崖，崖壁天然呈现藏文一个字母，读音为“噶”，故名“噶拖”，二说许多《伏藏经》中有暗示，认为这里是与释尊成道的印度菩提道场相同，称其为第二金刚座，如此诸种说法，为噶拖寺罩上一层神秘又神圣的光环。

该寺庙传承历史悠久，相传早在唐玄宗时期，这里已是讲经传法的场所。南宋绍兴二十九年

信众

经幡

（1159），宁玛派著名高僧噶当巴德西带领弟子次称仁清等人来此建寺，当时经过了与本教的反复斗争，建寺才得以成功。

至今，该寺已有800多年的历史，其间高僧大德辈出，最著名的有元代时寺主克珠·益西布巴，他才学超众，八思巴途经噶拖寺时曾拜他为上师，并赞道：东方噶拖寺主克珠·益西布巴如亿万光芒将大地普照。明宣德年间，波布瓦向秋生格主寺时，该寺殊胜密法远播云南、西藏、甘肃等地。清康熙年间，该寺高僧巴切多吉被康熙亲召进京，赐给金冠、四窗轿及全

同其他教派一样，宁玛派寺庙不仅是僧侣生活、学习、传教的场所，也是民族文化传承发展的摇篮，那里不仅荟萃众多的文化典籍和珍贵文物，也培养了层出不穷的高僧和名贯藏区的学者。

套宫中仪仗和乐器。乾隆二十五年（1760）寺主泽翁曲珠与西藏各学派高僧辩经时，获得了“班智达”的尊号，其弟子章嘉活佛也被皇帝迎请进京为国师。还有乌金曲杰嘉赞，以其高深的佛学修养享誉四方，被达赖喇嘛请为经师，他主持修建的印经院藏书达7千余部6万多册。此外还有众多高僧或因其大学问或因其大业绩而名扬藏区。

噶拖寺规模宏大，有僧舍500多间及其他附属用房上百间，建有灵骨塔殿、释善殿、密宗神殿等建筑。寺内装饰金碧辉煌，富贵华美。大殿面积600平方米，可容纳2000人诵经。大殿内柱、廊、檐、阁和门楣窗框均为彩绘和雕刻，墙面绘有精美的佛陀本生传和佛教生活壁画，殿内供奉有塑、铸、绘、堆绣而成的佛像和佛塔，流光溢彩。

大殿矗立着一座印度运来的9.4米高的大铜塔，第二殿中供奉

许多宁玛僧侣都曾在这雪山下的林间静修

着高达8米的释迦牟尼铜像。密宗殿分三层，分别供有法身无量光佛等。

噶拖寺是个文物宝库，内存文物珍贵而纷繁，除前面提到的那些来历不凡的佛像佛塔和皇帝的赏赐物及精美的绘画和雕塑外，还保存有格萨尔王岭国时期的单耳青铜罐，格萨尔大将扎拉则加使用的弓箭、宝剑，松赞干布时期的贝叶经文，元朝御赐的莲花生刺绣像残部，八思巴赠给该寺的4枚印章，明朝皇帝赐给的释迦牟尼、文殊菩萨、莲花生镏金铜像，清廷赐给巴切多吉活佛的经书、瓷碗、佛像、木雕及数百幅唐卡。此外，该寺还存有大量珍贵的典籍。

噶拖寺是康区最著名的宁玛派传播中心，声望大、影响力大、势力大，拥有子寺140座，遍及西藏、青海、云南和印度、不丹等地。这些子寺分为两类，一部分为噶拖系统子寺，一部分为噶拖寺子寺。该寺在最盛时僧人多达3000人，20世纪50年代有僧人680人，其中活佛12人、堪布21人。该寺每年按期举行的宗教活动有20多种，其中藏历六月初六莲花生大师生辰日，要举行盛大法会，届时国内外众多僧人和信众云集寺庙诵经祈祷，场面极其宏大。

安章寺

安章寺，藏语称为“俄散吞曲岭”，意为“光明上乘寺”，是噶拖寺的属寺，位于四川省白玉县麻邛乡境内的一座山腰上。这个地方四周地貌有吉祥八宝的形状，人们根据这个环境特征，将此地称为“扎西昌吉柯”，所以，早在清乾隆七年（1742），蒙古族活佛曼德仁珍青波就看中这个地方，在此创建寺庙并称之为安章寺。

现在的安章寺占地约2平方公里，建筑面积近4000平方米，建筑布局呈海螺状，极为少见。主楼三层，一层为大雄宝殿，高近20米，

祭祀仪式（多吉彭措　摄）

面积近700平方米，大柱林立，斗拱重叠，雕刻密布，彩绘耀目。吉祥八宝、花草凤鸣和佛教故事绘画栩栩如生，精美艳丽。环视大殿，如一座文物和艺术的宝库，莲花生佛像，高达2.4米，庄严肃穆；5米多高的甲色上师经座，以彩带雕刻为饰，华贵而庄严，尤其是捧奉莲花宝座的8只雄狮、欲飞欲舞的龙凤和背负珠宝的大象，雕刻精美，形象生动，寓意准确，令信众肃然起敬。

该寺是宏传大圆满心髓密法的道场，大殿一侧为心髓部众讲经堂，内塑有罕见的大圆满心髓部众尊主，据说这是康藏地区最有声望的雕塑大师甲色八马洛真的泥塑作品。大殿左侧，供有3尊舍利塔：其一为朱巴灵塔，上嵌黑如迦本尊像；其二为甲色灵塔，内藏有不丹国王赠送的金币和印度僧人格拉撒弥赠送的珠宝和佛像；其三为八马洛真灵塔，其内安放有八马洛真坐化后的肉身。该寺还珍藏有年代久远的各形镀金铜佛240多尊，有公元7世纪用香檀木雕刻的空行母像，有西藏大活佛所呷赠送的镶有珠玉的镀金佛母像，还有从印度流传过来的水晶琉璃塔。该寺还珍藏有多种宁玛派的珍贵典籍，其中有“心髓”七集四部，据说是世界仅存。

该寺从19世纪初开始进入兴盛期。那时，从国内川、滇、藏、青和印度、尼泊尔、不丹、斯里兰卡等地前来修习大圆满心髓法的僧人络绎不绝，而经过在该寺修习后誉满四海、名留史册的高僧也有很多，他们给安章寺带来了很好的声誉。到20世纪90年代，该寺有僧众200多人，其中活佛5人，他们依然是以讲研心髓法为其宗教活动的重中之重。

TIPS

德格县东北部的竹庆寺是宁玛派六大传承寺院之一，建寺300多年，曾出现过13位虹化大成就者以及许多修成正果的高僧。该寺现在僧侣500余人，有分寺200余座，分布于国内外。寺院所在的雪山下布满成就者的修行上洞和道场，是极具持久魅力的修行圣地。竹庆寺所在地海拔3800米，距周边县城较远，交通工具需自备。

土司家庙

更庆寺

萨迦派的更庆寺是一座规模宏大、历史悠久、文化底蕴丰厚的寺庙，到了四川德格县，无论如何是应该去看看这座古寺的。这座古寺坐落于德格县城（更庆镇），殿堂僧房鳞次栉比，随坡就势，密密匝匝，与印经院、汤甲经堂一起，共同构成了一个佛教文化建筑群。

更庆寺前身是明正统十三年（1448）德格家族第三十六代博塔·扎西生根（第一代土司）和噶举派高僧唐东杰波共同修建的汤甲经堂，明末清初，第六代德格土司嘎马松

更庆寺大殿

护法神壁画

无量寿佛塑像

释迦牟尼塑像

执政期间，开始在经堂旁修建了规模庞大的更庆寺主寺，后经第七、八代土司相继努力，更庆寺工程才告完工。清雍正年间第十二代土司登巴泽仁又大兴土木，耗时10年，在更庆寺旁建起了气势恢宏的印经院，并将其交由更庆寺管理、经营。1986年，经十世班禅亲自择选地址，又修建了占地30余亩的更庆寺主殿，现在的更庆寺建筑有东院西院两部分。

更庆寺在德格县内拥有龚垭寺、嘎伦寺、银南寺等7座分寺，另在白玉、石渠、江达等县有数十座半辖分寺。过去该寺寺主一直由德格土司之兄担任或由土司本人兼任，其下设更本、东西大喇嘛，堪布、格古、仲衣、赖充、朱本等执事喇嘛，寺庙最高权力机构为更本会议室，由更本1人、格古1人、堪布2人、东西大喇嘛2人组成，负责重大事务决策和人事安排。据1949年年初统计，更庆寺共有僧侣960人，其中大喇嘛和执事喇嘛40人，一般喇嘛300人，扎巴360人，僧兵400余人。

更庆寺自始建之日起就是德格土司的家庙，在政教大事上唯土司之命是从，为土司政教统治发挥了重要作用，德格土司对寺庙的控制也从没放松，一直遵循着这样的家族规定：更庆寺不设活佛，寺主之位由土司家族世袭担任，土司长子任寺主，次子任土司，若为独子，

观音菩萨壁画

更庆寺大堪布

则土司和寺主由一人担任。到第十二代土司登巴泽仁时期，土司家增封了5座家庙，而仍以更庆寺为本家家庙，允许其在政治、经济、商业、武装等方面享有特权。到中华人民共和国成立前期，更庆寺在德格县各地拥有土地1000亩、奶牛3000多头、农奴200多户。仅土地牲畜出租一项年收入青稞达1.5万公斤、酥油600公斤、茶叶64包。

在整个清代，更庆寺一直处于辉煌时期，曾聚集了大量中外宗教学者，如大喇嘛洛德翁波、堪布桑登洛仁等，他们知识渊博，著有多种著作。清初大喇嘛次称仁青亲自主持《甘珠尔》这部浩瀚巨著的编辑整理和印版核对，成为藏学史上的显赫人物。由于学者辈出，推动了寺内藏画、藏戏、建筑、雕刻、印刷和医药的发展。不仅有“金刚橛童子”跳神（它是驰名康区的寺庙跳神活动），更有藏戏演出自成风格。该寺创编、排演的藏戏有继承有创新，已成为公认的风格与特色自成一体的藏戏流派。其主要剧目取自佛本生故事，《夏热巴》《诺绒王子》《克麦更登》等至今盛演不衰，深受藏族民众的喜爱。更庆寺还是一个文物的宝库，有大小镀金菩萨像1000多尊，各种唐卡画1350多幅，经书2万多册。

拜谒 龚垭寺

龚垭寺是萨迦派更庆寺下辖的分寺，位于四川德格色曲河谷下游川藏公路（317国道）边的山腰台地上。那个地方是格萨尔王的兄长贾察王的封地，寺庙经堂就建在贾察王王宫的遗址上，至今，铁水浇铸的王宫围墙的基础依然可辨。在德格县50多座寺庙中，龚垭寺是除更庆寺之外交通最便利的寺庙，且有近千年的历史，所以我要去拜谒。我找到县上一位领导邀他同去，不巧他正公务缠身，只能给我

修建中的大殿

位于崔儿山西侧色曲河谷间的龚垭寺

写下一张面见龚垭寺活佛的藏文便条。

我到龚垭寺见有两位年轻僧人在殿前转悠，就拿出那张便条让一位僧人看，他看后说着藏语，我听不懂，我说汉话他也听不懂，于是他就朝南侧数百米之外的山坳里指了指。我朝山坳走去，见路边到处堆放着木料，山坳一平坦处正在修建房屋，工地上人来人往，一座巨大的藏式建筑的土墙已建到二层，僧俗众人有的在运土，有的在筑墙。一侧山坡树荫下坐着两位僧人，我走近去，让他们看那张便条，没想到一位白净的年轻僧人竟是一口标准普通话，他告诉我，旁边那位就是活佛。活佛也很年轻，脸色黑些，戴着眼镜，也是一口普通话。此前我还在猜想龚垭寺活佛是怎样一个人，有法家的庄严，有俯视众生之态？苦心修行，学养深厚，道法高深？关心百姓，与人亲近，乐善好施？没想到他着装朴素，态度平和，席地而坐，看不出

龚垭寺

东方持国天王壁画

与普通僧人有什么区别。他告诉我他在此主要是处理工地上的琐碎事，是可以抽空回寺里接受我的采访的。我考虑到天气正热，工地上正忙，回寺里还有段路，就说，我来就看看工地，不用回寺里去了。

活佛很健谈，他告诉我，正在修建的是寺里大殿，其保持了康藏古建的特点。这种建筑的墙虽为土筑，却很讲究，要先按高度确定收分系数，再计算墙厚度和基础的深度；墙体基脚用石垒砌，墙体上薄下厚，下部厚度近2米，用黏结坚硬的有机质灰土或黄土夯筑，这种土很结实，耐雨水，在露天也可屹立千年。说到这，活佛指着后山坡顶屹立在显要处的几堵残颓土墙，说那就是贾察王的军事哨堡，是岭国时期的建筑。活佛又指着正在修建的大殿说，这种建筑是墙柱混合承重，在墙体建筑到一层高时，要在墙中加数十根圆柱或方柱，楼面檩条纵向架于柱上，檩条上要铺小木条，木条上铺小树枝，然后夯以泥土，楼面就成了；之后继续夯筑墙体，继续加柱直到顶层，顶层与楼面做法一样，只是选择的黏土更讲究，可数百年不漏雨；屋顶还用一种叫娘热的灌木条捆成小把，上下用木钉固定，一端染成黑色，排列成女儿墙（也叫白玛墙），象征天与地之间的中界，白玛墙上还做圆形白点一圈，象征天上日月星辰。

我对活佛说，祝愿您的工程早日竣工，吉祥如意。活佛笑着说，

龚埡寺演出格萨尔藏戏时佩戴的面具

土建工程完成后，还有装饰工程，很复杂的，大墙外要涂红黄白三种色，门框要精雕细凿，分层绘出精细图案；门扇涂丹漆，上中下三处分别用铜质或铁质镶嵌，用有梵文六字真言的箍带包扎，配钵式或兽式门环；殿内顶部有宝珠、宝瓶、金钟和莲花组成的金黄色宝幢，四壁要绘制佛教壁画，立柱上部的雀替和横梁都要彩绘，神龛后要塑佛像，佛像的塑造很复杂，且有很多讲究……

龚埡寺是公元1136年由学巴干布创建的，坐落于贾察王王宫遗址，一直没有雄伟的建筑，现存大殿已年代久远，新建一座大殿是活佛的心愿，并为之做了极大努力。活佛告诉我，过去建寺民众会捐劳捐物的，现在不同了，材料费、工时费是少不了的，这项工程耗资几百万元，他还面临着许多困难。但我从他的脸上看到，他是信心十足的。

告别活佛后，我才想起没有询问活佛的法名，这是我应该记住的名字，我却不知道。

托钵释迦牟尼塑像

佛从西来

在佛教普及以前，康巴藏区各地藏族人民信奉古老的原始宗教——本教。佛教传入后，经过漫长时间的发展，才成为信众最多的宗教。佛教究竟是何时传入的呢？藏学者们的说法不尽统一，一种观点认为，佛教最初传入四川藏区应该在两晋南北朝时期，但当时的规模极小，信徒少；到了唐贞观三年（629）松赞干布继任吐蕃王后，吐蕃社会全面开放，文化迎来了前所未有的兴盛时期，佛教虽然还没被西藏社会全面理解和消化，但各地纷纷有了建寺的行动并波及康巴藏区。到了三十七代吐蕃王赤松德赞时期（742~797）及其以后的一百多年时间里，佛教在西藏进入全面发展阶段，并在康区得到广泛传播。在这一传播过程中，有三个人做出了重要贡献，他们是玛日青曲、毗鲁遮那和约扎尼布，其中最著名的就是毗鲁遮那。

关于毗鲁遮那，还得从唐大历十四年（779）说起。那一年，吐蕃王赤松德赞命印度高僧莲花生和寂护建起藏区第一座寺庙桑耶寺之后，从印度请来僧人协助寂护剃度了以巴·赛朗为首的7位贵族子弟——这是贵族子弟首次出家，历史上被称为七觉士。毗鲁遮那就是

佛教节日期间的展佛活动（多吉彭措　摄）

七觉士之一，他到印度与密宗僧侣广泛联系，在大菩提寺修习密宗的金刚乘多年。回藏后，他所学金刚密法受到强烈反对，那些修习显宗的僧侣认为他的教法是黑咒术和妖术，受贵族集团支持的本教也反对他，就连吐蕃王妃才邦氏也不能容忍他。为此，吐蕃王虽采取多种措施庇护他但都未奏效，反对势力强烈要求吐蕃王处死他，吐蕃王迫于压力将他流放到了康区东部大小金川一带。在康区，他被本教势力视为邪恶，嘉绒王将他关入牢中，在牢中投放许多蟾蜍，企图要以蟾蜍释放的毒素置他于死地，但他在牢中依然修习不止，后来他说服了嘉绒王而得以被释放，开始在康区各地传教收徒，就连嘉绒王的儿子也成了

十六罗汉之阿秘特尊者塑像（杨嘉铭　摄）

十六罗汉之罗怙罗尊者塑像

他的弟子。他在康区与弟子共同建立寺庙12座，在各地留下了多处遗迹。后来佛教与本教斗争缓和，他被召回西藏安排在桑耶寺译经。据史料记载，他一生曾三次到康区传教，被称为“点燃东方佛教明灯的圣人”。

到康区传教的另一位大师，是毗鲁遮那之前的印度高僧莲花生，莲花生是宁玛派祖师，于公元8世纪初，曾在金沙江东岸传教修行，康区各地都留下了他的传说，许多山洞和崖岩上的手印和奇异文字，被认为是他留下的遗迹。德格县境内的绒戈寺，为唐贞元十一年（795）宁玛名僧白马绒多扎所创

佛本生故事壁画（杨嘉铭　摄）

印度佛教大成就者卓比亥如噶壁画

建，也被认为是莲花生传教的结果。

到了9世纪中期，高僧到康区传教之事就有了较详的记载。说到这一时期佛教在康区的传播，首先得从西藏历史上著名的朗达玛灭佛事件说起。公元838年，由于吐蕃王赤祖德赞和他的前任们极力崇佛，不断抬高僧人地位，让僧侣参政，引起了曾支持本教的贵族势力的不满，于是，以违达纳坚为首的大臣，在设法除掉赤祖德赞的兄长和僧相波澜加云丹等人后，又谋杀了赤祖德赞，并扶持其兄朗达玛坐上了吐蕃王座。朗达玛上台后的第4年，开始实施他的灭佛举措：强迫僧人还俗，毁坏寺庙和神佛像，焚烧经书，流放僧人。当时有藏饶赛、约格琼、玛释迦牟尼三僧人正在山中“坐静”，得知发生灭佛事件后，迅速收拾行装逃往西部阿里，继而逃往回鹘（今新疆），最后来到了灭佛事件尚未波及的青川交会地带，在那里，他们继续传教并收了许多弟子。众弟子中出现了一个名垂史册的人物，就是公巴饶赛。他熟知多种文字，精通佛教教义，被佛界尊为大师。他在安多一带活动多年，带出了许多著名弟子，其中之一的热希粗墀迥一生在康区广泛传教，取得显著成果。公巴饶赛一生没去过西藏，但他和弟子们在灭佛事件后在康区弘扬了佛教并将佛教再传入西藏，所以他受到了古印度僧人佛学家阿底峡的高度赞扬。朗达玛灭佛事件后，另外还有一些僧人也逃到康区继续弘法，就在德格南部（今白玉县）创建有寺庙。

朗达玛灭佛事件发生后，康区僧人拉隆·贝杰多吉痛心疾首，决心为佛界报仇除害，就去了拉萨。公元842年，朗达玛一行出外观看唐蕃会盟碑文，他趁上前施礼时，突然以箭将朗达玛射死，随后跃马渡河逃离。由于他骑了一匹用炭灰染黑的白马，身穿内白外黑的长袍，过河时涂黑的马被水洗成白马，他又把衣服翻过来穿，黑马黑衣变成了白马白衣，从而迷惑了追兵，得以逃回康北德格县柯鹿洞村，后来他在德格南部（今白玉县）噶拖寺附近的一处岩洞里静修了3年又60天，至今遗迹尚在。

由于朗达玛被杀，本教失去了支持，佛教得以复苏和发展，一些逃亡在外的僧人又回到西藏，纷纷寻找吉祥之地建立寺庙。同时，因康区保存了较大的佛教力量，西藏的信徒也到康区来求师取经，如西藏山南桑耶地方的领主察那益西坚赞，就于公元978年年底派出7人前往康区求取戒律。可以说，康区是西藏灭佛期间保存了僧侣骨干和佛教经典的重要地区，对此后西藏佛教的恢复和发展起到了重要作用。

据四川民族学专家杨健吾先生考证，10世纪后期印度佛教大师念智称也曾到康区长期讲授《俱舍论》等显密经典，并培养了多名弟子。此人精通藏文，著有藏语文法方面的著作《语言门类》，被收入大藏经《甘珠尔》中。他的弟子中有一个叫赛尊的人长期坚持在康区传教，很有名。还有噶当派创始人仲敦·呷哇迥乃和枯敦·尊追雍仲、俄·雷必喜饶等，也曾在康区传教收徒，对康区藏语系佛教的传播和发展起到了先导作用。从这个时候起，藏传佛教在康区有了较广泛的传播，在同本教的长期共存中已占据了强势地位，并开始有了教派的流布和形成。

TIPS

藏传佛教宗教年度中最重要的节日：藏历一月十日至十五日，佛陀神变节，这是纪念本师释迦牟尼佛以神通降伏外道师的日子；藏历四月七日，佛陀诞生日；藏历四月十五日，本师释迦牟尼进入涅槃的日子，被称为萨嘎达瓦节；藏历六月四日，纪念佛陀第一次说法的节日；藏历九月二十二日，佛陀自天而降，即“天降日”。

手不离转经筒的老人

五大教派在康北

吐蕃王朗达玛被杀后，吐蕃王朝不久就崩溃了，奴隶制随之解体，开始向封建社会过渡，封建割据局面逐步形成，出现了众多代表地方势力的政治集团。这些集团都以不同方式极力支持他们势力范围内的寺庙和僧侣，使寺庙之间产生门户之见，僧侣们因师门传承不一而有了分歧，藏传佛教的大板块出现了裂痕，并在11世纪中叶开始形成了派别。

各派虽然都以释迦牟尼为祖师，都坚持四谛说、八正道、十二因缘、四法印、五蕴论、四禅定、因果报应、生死轮回、三世论、五戒十善等这些佛教的基本教义，但各自信奉经典有择，传承人有别，对典籍的理解和阐述有差异，因而各自的仪轨、教规也有显著区别。最初形成的派别很多，支里有支，派里有派，如本波、宁玛、噶当、萨迦、噶举、希协、觉囊、格鲁、夏鲁、郭扎等。众多派别经过挤对、融合，有的断绝了传承，有的仅在极小范围内存在，有的则不断壮大，势力遍及整个藏区并影响到康区，如本波派、宁玛派、噶举派、萨迦派、格鲁派。这五派在康区的甘孜州有寺庙520多座，中华人民共和国成立前僧侣达8万之众，在康北的古德格地区有寺庙220多座。

本波派

本教是西藏固有的原始宗教，由古象雄王子辛饶米沃初创于古象雄王朝，公元前传入金沙江东岸的康巴地区。本教认为万物有灵，崇拜天上的日月星辰、雷电风雨和地上的山川河流、草木禽兽，重祭祀、跳神、占卜等仪式，有独特的仪规。本教的活动通过巫师来体现，巫师有天本波、地本波、神本波之分。本教认为世界是由天、地和地下三个层次组成，天上的神称为赞，地上的神称为尼，地下的神称为鲁（即龙神），而第一代赞普（吐蕃王）就是天上的神，是沿天梯而来到人间的。本教的这种理论自然会得到吐蕃王的支持，所以本教一度被吐蕃王朝奉为国教，本教的僧侣当上了王朝的辅政大臣。在民间，本教信众们也相信万物有灵，视巫师为神鬼的代言人，认为巫师能够为人们纳祥求福、兴旺人财，所以有了病就请巫师祷神给药，办事前请巫师预测凶吉，人去世请巫师超度亡灵，重大活动请巫师主持。

佛教在雪域高原普及开以后，本教因其理论的脆弱、仪规的粗陋，无法与精密而深邃的佛教抗衡，最终失去强势地位，失去了更多的信众，失去了王朝的支持。但佛教和本教在许多方面也有相近之处，佛经经典吸收了本教的部分内容，如本教的祭龙经就被佛教所用，本教的占卜、咒术、转经、烟祭、经幡等也被佛教所吸收。同时，本教为了延续传承也不得不进行自我改造，将许多佛经改为本经，吸收了无常、业果、慈悲、菩提心、十地、解脱、轮回等佛教概念，并借鉴了佛教的理论体系，汇编了经典，塑造了类似释迦牟尼的至高无上的现世佛——辛饶米沃；僧人也像佛教僧人一样，有了出家、受戒、习经、修行方面的制度，寺庙摒弃了传承几千年的寺主世袭制度，借鉴了佛教的活佛转世制度，寺庙内也设活佛、赤巴、堪布、格贵等职务，并举行与佛教近似的法事活动。本教经过长期的全面的改造，已成为佛教化了的本教，因而能存活下来并占有一席之地，这就是我们所说的本波派。

本教在康北德格地区曾占有广阔的发展空间，德格登青寺就是本教在康区的最早寺庙，始建于公元587年，曾被安多、西藏地区的本教徒奉为祖寺。据《德格世德颂》记载，公元8世纪逃往康北的德格家族（吐蕃大相禄东赞后裔）前九代都是本教徒，世代在康北传播本教。本教后来被改造而佛教化以后，与佛教其他教派相容共存，依然在康区占有重要的位置，保留寺庙44座，其中14座在古德格境内，今德格县内有登青寺、日班寺、措通寺等10座，中华人民共和国成立初期有僧侣上千人。

宁玛派

“宁玛”为古旧之意，因为该派僧人认为他们的教派传承于8世纪的莲花生大师，比其他教派要早

宁玛派祖师邬坚多吉尼珠印版拓片

大威德金刚壁画

数百年。另外，该派继承弘扬的是吐蕃时期所译的典籍，不同于后期译师所译的密宗经典。该派僧人穿红衣戴红帽，俗称红教。

宁玛派传入德格地区的时间较早。8世纪宁玛祖师莲花生就到康区讲经说法，那时的宁玛僧人就在德格创建了绒戈寺。前面提到的那个杀死朗达玛并逃往德格的拉隆·贝杰多吉，也是宁玛派僧人。宁玛派在康区规模化传播，应该从南宋时期的大师噶当巴德西算起。他是德格人，12岁赴西藏学经，是宁玛派著名“三素尔”之一的卓浦巴的再传弟子。他学问高深，影响很大，史料记载他在康区赢得了广泛的信众，但也遭到本教的激烈反对，本教徒抵制他，并拆他家的围墙毁他家的地，阻止他在康区传教，然而他坚持不懈，于南宋绍兴二十九年（1159）在原德格南部（今四川白玉县）的多尼山创建了康区著名的噶拖寺。自此，他声名大振，据说前来听他讲经的信众有九万之多，其中有土司和著名宗教人物。不仅如此，他还著述甚丰，他的弟子为其立传时称他为“波巴塔那”（意为智慧无边际）。

噶当巴德西之后，宁玛派一度迅速发展，宋元明三朝400多年间，在康北创建寺庙数十座之多。如南宋绍兴三十一年（1161），西藏大成就者布波扎西降措在今白玉县绒差乡创建了八金寺。南宋淳熙五年（1178），宁玛僧人则桃曼列日青在今白玉县热加乡拉吉村创建了热加寺；同年，宁玛高僧西绕降措在今德格县龚垭乡创建了厄乌寺。元世祖至元二十五年（1288），宁玛僧人持明绒嘎多吉在白玉达科村创建了达科寺；同年，戈莫切尼降初在白玉麻绒创建了扎呷寺。元惠宗至元四年（1338），切雄降措在白玉创建了康翁寺。元至正十六年（1356），宁玛僧人各千翁布在今德格县上然姑村创建了然姑寺；同年，嘎马四朗多吉在白玉创建了用能寺。明成化十二年（1476），宁玛僧人在白玉创建了德青寺。明弘治元年（1488），宁玛大师欧珠彭措在白玉创建了昌根寺。明嘉靖四十四年（1565），宁玛僧人德青尼玛扎西在今白玉创建了打莫寺，等等。

到了清代，宁玛派因得到五世达赖的支持，又迎来一个发展高潮。五世达赖是格鲁派的领袖，但他同时修习宁玛教义并支持宁玛派的发展，他曾派弟子白马仁真赴康北德格建寺传教。白马仁真于康熙二十四年（1685）在德格竹庆修建了规模宏大的竹庆寺。该寺是宁玛派在康区迅速发展的一个标志。白马仁真宣称“莲花生曾莅临竹庆，竹庆为宁玛圣地”，因此该寺有极高声誉，并得到林葱土司和德格土司的支持，不丹、尼泊尔等国的宁玛僧人也多有来此求学的。康熙

教祖贡嘎尼博壁画

三十一年（1692），竹庆活佛派寺内高僧丹巴降村在相距不远的地方又创建了协庆寺。自此，康北形成了以噶拖寺、竹庆寺、协庆寺为主的宁玛中心，周边布局的有白玉寺、康勒寺、达莫寺、安章寺、觉莫寺、热甲寺、中果寺、大松寺、沈达寺、当拖寺、格芒寺、卜空寺、扎迦寺等。到清代末年，康区宁玛寺庙已有200多座，德格土司辖区内有60余座，宁玛派已成为康区影响最大的教派。

萨迦派

“萨迦”即“白土”，因该派祖寺所在地地面呈灰白色，故名萨迦派。该派寺庙围墙涂有象征文殊、观音、金刚手三菩萨的红、白、蓝三色花条，又被称为花教。这个教派有萨巴、俄巴、查巴三大支系，是西藏影响较大的教派。

该派于南宋末年传入康区，最早的寺庙是北宋元祐二年（1087）贡噶宁布在今德格俄支创建的俄支寺。南宋建炎二年（1128），严然色波在今四川甘孜州创建了严然寺，此寺被视为萨迦派正式传入的标志。南宋绍兴六年（1136），学巴干布在德格创建了龚垭寺；南宋淳祐五年（1245），曲加帕巴在德格创建了汪堆寺，10年后他又在德格创建了银南寺；南宋宝祐元年（1253），

萨迦班智达·贡嘎坚赞塑像

萨迦僧人马驮日青在白玉创建了热拖寺；南宋景定元年（1260），德格土司先祖索朗仁青在白玉南部萨玛村创建了萨玛寺。

元代是萨迦派的兴盛时期，这与巴思八有直接关系。巴思八是萨迦尊奉的五祖师之一，他才学横溢，颇受元代王室信任，忽必烈即蒙古大汗位后封其为国师，赐有玉印。忽必烈迁都北京后，在中央设置总制院，命巴思八为帝师兼领总制院。巴思八自西藏去京城途经白玉时，封索朗仁青为膳食堪布，后又被封为万户，索朗仁青从此成为萨迦名僧。巴思八两次途经康区，在康区传教说法，并将德格境内25座其他教派寺庙改宗为萨迦派，从而使萨迦势力大增。

元末明初，西藏萨迦势力随蒙古皇室统治力的衰弱而衰弱，政权旁落噶举派，但德格地区的萨迦势力在德格土司支持下得以巩固和持续，萨迦僧人在各地建寺的活动一直没有停止。明正统十三年（1448），德格家族第三十六代博塔·扎西生根与西藏高僧唐东杰波创建了更庆寺的前身——汤甲经堂。这一举措对萨迦在德格的发展具有引领开路的意义。雍正年间，德格家族在德格更庆创建了规模宏大的更庆寺，并沿用萨迦教主世袭的旧制，由历代土司之兄或土司本人担任该寺寺主，使萨迦派在德格土司辖区内享有一定的特权。到清代末年，德格土司兼法王在辖区内共控制、号令萨迦寺庙40多座，如德格县的更庆寺和仲萨寺、江达县的雄拖寺和夺色寺、白玉县的邦章寺、原邓柯县的俄支寺等。

噶举派

“噶举”即“口授传承”，意为传承金刚持佛亲口所传的秘咒教义。该派僧人穿白衣，故称白教。噶举派最初有香巴噶举和达波噶举

噶举派上师米拉日巴尊者塑像（杨嘉铭　摄）

两大系。香巴噶举传承400余年，到14世纪就消失了。达波噶举传承下来后又分为多个支系，传入康区的噶举派为达波噶举的噶玛噶举大系和帕竹噶举大系中的止贡巴和玛仓巴两小系，时间大约在12世纪初期。

噶玛噶举创始人都松钦巴（1110～1193）是康北德格人，他曾长期在康区传教，并与弟子创建有寺庙。与此同时，出身康区南部的帕竹噶举创始人帕莫竹巴·多杰嘉波（1110～1170）也在康区各地传教多年；出身德格的止贡噶举创始人止贡巴·仁钦贝（1143～1217），也曾在康区有过活动，他在西藏曾派弟子到德格创建了八邦寺的前身——止贡噶举的兄里寺。都松钦巴圆寂后，他的几代法位继承人都曾在康区传教，其中最著名的就是出身德格的噶玛拔希（1204～1283），他曾在康区传教8年，并担任德格兄里寺主持活佛。至今，八邦寺还供奉着元宪宗赐他的那顶黑色僧帽，他的传承也被称为噶玛噶举黑帽系。噶玛拔希圆寂后继任的几世活佛也曾在康区传教。

自1372年噶举派领袖帕莫佐巴被明朝封为国师到1642年止，噶举派在中央王朝统治下掌管西藏政教大权达270年，这段时间，噶举派在藏区得以快速发展。明天顺元年（1457），西藏昌都噶玛寺的司徒活佛在德格龚垭创建了班觉寺；明成化二十一年（1485），丹巴曲热降措在德格俄支创建了甲曲寺。到了清朝，由于德格土司不分教派一概支持的政策，噶举派在德格地区的发展依然在继续。清康熙二十六年（1687），西藏竹巴噶举名僧刀登日嘎在德格浪多主持修建了曲欧寺。清雍正六年（1728），西藏昌都噶玛寺第八世司徒活佛曲吉迥乃在止贡噶举兄里寺原址上建起了噶玛噶举的八邦寺，并任该寺第一权位活佛。该寺在康区影响很大，与西藏楚普寺一起被称为噶举派两大寺。雍正十年（1732），噶举僧人清真甲波在德格阿须修建了岔岔寺。乾隆二十三年（1758），噶举僧人翁修多吉在白玉修建了绒学寺，到清末“改土归流”前，德格土司辖区共有噶举派寺庙30余座，僧侣近万名。

格鲁派

该派形成于15世纪，是宗喀巴进行宗教改革的产物，是藏区最晚出现、势力最大的教派。因为宗喀巴当时抛弃了传统的僧人红帽，改戴桃形尖顶黄帽，表示重视戒律，从此黄帽成为该派的标志，该派被

格鲁派祖师宗喀巴塑像

俗称为黄教。

宗喀巴（1357～1419）是青海人，5岁受戒，7岁出家，17岁到西藏深造，曾拜多位高僧为师，广学显密经论，于1409年在拉萨成功举办了祈愿大法会。之后，在拉萨创建甘丹寺，并以此寺作为道场长期在此讲经说法。他曾教授出许多有成就的弟子，其中著名的有三位，第一世班禅大师克珠格勒巴桑就是其一。宗喀巴在佛教界有极高的威望，是大师中的大师，佛教典籍中称他为文殊菩萨三位化身的第一位。在宗喀巴之前，藏传佛教正处在丧失民心、失去号召力的阶段，寺庙戒律废弛，僧人横行霸道，欺压百姓，僧侣上层追逐名利，为所欲为。面对这种状况，宗喀巴宣扬佛法，振兴佛学研究，强调戒律，提出了宗教改革的学说，他的学说经弟子们总结，就成了系统的理论，他和他的追随者就被称为格鲁派。格鲁派以焕然一新的面貌出现并得以迅速发展壮大，很快形成了达赖和班禅两大活佛系统，并于清雍正年间掌握了西藏政教大权。

格鲁派教义基于龙树的《中观论》，提倡缘起性空。缘起性空是佛教教义的“心要”，这种观点认为一切烦恼都是从无明而生，缘起性空就是对付这种烦恼的根源（无明）的方法。为了从无明到有明（智慧），该派又进一步提出胜义谛性和世俗谛性的观点，认为宇宙间一切事件和现象都有胜义、世俗两个体性，一个事物就本质而言是缘和合所构成的假象，其本身并不具有任何质的规定性，是无自性的（性空），它的五颜六色的现象只是假象而不是本质，凡未所了知的世俗谛性仅是事物的假象，是虚妄的；只有圣智才能认识事物的真谛（胜义谛性）。为了洞察事物本质（真谛），需要有特殊智慧，如何获得这种智慧，格鲁派就经、律、论和见、行、修等方面提出了系统观点，给出了方法。

格鲁派在形成之初就传入了康区。最早到康区传教的格鲁派僧人是宗喀巴的弟子茸青·根登降参和察柯堪钦·阿旺扎巴。到明万历年间，三世达赖索南嘉措也曾在康区活动。格鲁派在康区的蓬勃发展是在五世达赖阿旺·罗桑嘉措时期（1617~1682），其标志就是在康区创建了“霍尔十三寺”。十三寺的建立要从固始汗说起。固始汗联合德格土司擒杀白利土司、降伏各部落首领后，又征服西藏各领主，协助五世达赖建立了西藏地方政权。到了晚年，他为在镇压康区过程中杀人、烧房、毁庙的行为而后悔，想在康区建13座寺庙以赎罪，就将此事委托给五世达赖的弟子霍尔人曲吉·昂翁彭措。在五世达赖支持

格鲁派师祖宗喀巴印版拓片

下，曲吉·昂翁彭措于顺治十二年（1655）到康北德格创建了格鲁派的更萨寺，并担任该寺第一世曲吉活佛。之后，又在甘孜建了甘孜寺，并于康熙元年（1662）对其进行了扩建。他在康区各地广泛建寺，最终建了十三座，即“霍尔十三寺”。究竟是哪十三寺，典籍中说法不一，也有人认为，十三是个吉祥数，并非实指。乾隆二十五年（1760），西藏三大寺喇嘛甲举·洛绒曲登又在德格北部（今石渠县）创建了色须寺；光绪十三年（1887），杜萨向巴喇嘛在今德格的扎柯乡创建了杜萨寺。当然，格鲁派在康区始终没能赢得像在西藏那样的一派独尊的地位，这是因为康区土司差不多都奉行不论教派一律支持的政策，但由于固始汗和达赖喇嘛的影响，各地建寺活动始终没有停止，甚至有些其他教派的寺庙也被改宗为格鲁派。到清末年间，德格地区格鲁寺庙发展到10余座，今德格县内有4座，格鲁派在康北也被视为有影响的大派。

TIPS

五大教派之一的萨迦派形成于11世纪，其创始人贡却吉布在奔波山创建萨迦寺庙并住寺30年，其后其子贡噶宁布住寺48年，被后世称为萨迦第一祖。他有四个儿子，二子、三子、四子分别成为后来的二祖、三祖、四祖。四祖即著名的萨迦班智达贡噶坚赞，他与元朝王室建立了关系，他留下的著作有19种。他的侄子八思巴后来继承法位，成为萨迦五祖。八思巴被元世祖忽必烈封为国师，后又被封为帝师，自他开始西藏政教大权归萨迦派掌握长达百年。

诞生于

康巴的至尊法王 >>>>

活佛是藏传佛教的职业僧侣，是藏族同胞的优秀知识分子。他们都是满腹经纶、造诣深厚的高僧，在藏传佛教的传播和发展中起到了举足轻重的作用。在广大信众的心目中，活佛，已不是普通的凡胎肉体，而是活着的菩萨。在藏区各教派各大寺都有自己的活佛系统，众多活佛中，达赖喇嘛是地位最高、权力最大的至尊法王，是广大信众最崇敬的大慈大悲、救苦救难的观世音菩萨化身。至今，达赖喇嘛已转世14次，其中4个出生在康巴藏区。本文说说他们的故事。

七世达赖格桑嘉措

清康熙四十九年（1710），西藏三大寺僧侣通过占卜、降神等仪式，在四川理塘县理塘寺附近的农户索南达结、索南曲措夫妇家找到一个两岁的男孩，认为他就是六世达赖仓央嘉措的转世灵童。六世达赖是清康熙四十五年（1706）在青海圆寂的，年仅24岁。按佛教活佛转世制度规定，新的达赖要在前辈达赖圆寂后出生的婴孩中寻找。三大寺在理塘找到的两岁男孩，符合灵童转世制度规定，后被认定为七世

宗教节日

达赖，法名格桑嘉措。三大寺之所以去理塘寻找六世达赖转世灵童，是因为六世达赖生前喜欢作诗，诗中有这样的句子："洁白的仙鹤啊，请借我一双翅膀，我不到远处飞翔，去趟理塘就回。"这首诗原本是对他认识的一位理塘女子的思念，也被解读为六世达赖生前对他转世地的暗示。

达赖喇嘛由于地位很高，他们的转世和灵童寻找、认定等也往往被附会出许多神奇的传说。七世达赖也是这样，有的说他身有异表，右臂纹若莲花，左手纹若法轮，额大目长，出生3个月就会向人做摩顶姿势，并开始说话，问他是谁，他回答是佛的化身，问他去哪里，他回答说去寺庙；待他3岁时，就能读写文字，讲说经典，能弹拨乐器；7岁时与众喇嘛辩经，喇嘛均莫能敌；8岁时入理塘寺，即可为众生传授

“观音法门”；9岁时被迎到青海塔尔寺，能为僧众讲《本生论》。

传说归传说，历史上的格桑嘉措经历了起伏不定的人生。他被选定为灵童后，西藏和硕特汗国汗王拉藏汗两次派人到理塘查看，引起了与之对立的青海和硕特部首领的警觉，他们在清康熙五十三年（1714）采取武装护送的办法将格桑嘉措从康南理塘转移到康北的德格县境，那里距青海较近，相对安全些。随后不久，康熙皇帝命令将格桑嘉措迎至青海塔尔寺。康熙五十八年（1719），清朝军队进藏平定了侵扰西藏的准噶尔，格桑嘉措已经11岁了，清政府正式承认他为六世达赖。于是就产生了一个矛盾：格桑嘉措是六世达赖仓央嘉措的转世灵童，格鲁派认为他应是七世达赖，清朝廷却认为他是接替而不是继承已被废黜的六世

宗教节日时摆下的酥油灯碗

经幡·玛尼堆

古经书

达赖的法位，所以不能认定为七世达赖。直到清乾隆四十八年（1783）乾隆封强白嘉措为八世达赖时，才等于默认了格桑嘉措为七世达赖。

活佛是藏传佛教的职业僧侣，是藏族同胞中的优秀知识分子。他们都是满腹经纶、造诣深厚的高僧，在藏传佛教的传播和发展中起到了举足轻重的作用。

格桑嘉措在塔尔寺接受了佛学的严格教育，这期间，塔尔寺因他的来到盛极一时，成为各地朝拜的中心。清康熙五十九年（1720），康熙皇帝正式册封格桑嘉措为六世达赖（实际上的七世达赖），并派抚远大将军（皇十四子）坐镇青海指挥大军和官员护送格桑嘉措进藏。临去西藏前，格桑嘉措会见了皇十四子胤禵，胤禵给他送去了皇家厚礼：绸缎数匹、五十两金子制的红宝石圆顶瓶罐、银碗、金盖、哈达等，并附有书信，格桑嘉措也有一个表态性的复信：大皇帝福威无量、尊亲王善德卓越，万象吉祥，今赠宝物，感恩不尽，愿为实现圣主皇上、亲王之一切主张，我定全力祈请三宝。护送达赖去西藏的有定西将军延信率领的陕甘满汉官员、青海和蒙古诸部官员。延信将军还带来了康熙皇帝赐给格桑嘉措的金印，上刻汉、满、藏三种文字：“弘法觉众第六世达赖

密宗最高之佛大日如来壁画

喇嘛之印”，并赐有一百五十两黄金制成的金册，诰命曰：“尔自幼继承前业，恪勤戒律……着尔阐扬佛教，辅朕大业，勤于训导，恪遵勿怠。”

格桑嘉措到西藏后，在驻藏大臣及众多高僧大德的护送下前往布达拉宫，数万民众载歌载舞相迎，康熙皇帝也为达赖坐床送来礼物：哈达一条，白银万两。白银从四川府库拨出。康熙还颁发了诏书：“为利益佛教、众生，莲足永固，法轮常转。”高僧、西藏官员、王族头领、驻藏官员也都向达赖敬献了礼物。达赖的父亲也被封为公爵，得到西藏政府给予的许多庄园和农奴，一跃而成为西藏大贵族。1720年年底，五世班禅亲任授戒堪布，为达赖授沙弥戒，并在原名前加了“洛桑”二字，即：“洛桑格桑嘉措”，并敬献了银质的曼陀铃、哈达、金银绸缎等，达赖也向班禅回敬了佛像、佛塔、佛经等。

在七世达赖深得康熙信任的时候，1723年康熙驾崩了，不过新皇帝雍正像其父一样对达赖依然优待，上任后专遣大喇嘛噶局洛桑班觉一行入藏，送去了新的封号和礼物。雍正四年（1726）四月，七世达赖请班禅喇嘛在大昭寺为他授比丘戒，为他讲经一个月，二人成为真正的师徒关系。

雍正五年（1727），西藏发生了由农奴主的实力人物阿尔布巴等三噶伦谋害首府噶伦，预谋叛离清廷的反叛事件，朝廷派军队查明此事，并将首犯处死。但七世达赖父亲索南达结也参与了此事的谋划，清朝廷于是做出决定：达赖移住四川理塘，西藏格鲁派教务交五世班禅罗桑益西全权摄理。这年十一月，七世达赖由西宁总兵和吏部尚书率五千人护送到了理塘。洛桑格桑嘉措到理塘后，受到僧俗的隆重欢迎，朝廷留近两千兵力为其护卫。这期间，雍正皇帝曾两次召见达赖之父索南达结，不仅未加追究，还加封为辅国公。格桑嘉措在理塘居住一年多后，朝廷又下诏命他移住西康噶达，即今道孚县的乾宁。朝廷为此专门拨银两修建了专供其居住的惠远寺。该寺占地500亩，规模宏大，殿宇楼阁千余间，内外围墙三层，仅大殿就有4000多平方米，皇帝赐给该寺有“九龙九狮”的佛教最高荣誉。七世达赖格桑嘉措在此居住五年半的时间，使这一地成为藏区闻名遐迩的圣地，惠远寺也成为信众们心中的圣殿。这五年间，皇帝几次派使臣携重礼赴惠远寺慰问，达赖也派代表进京向皇帝请安。

到了雍正十二年（1734），随着局势的发展，朝廷决定送达赖回西藏，派章嘉活佛若比多吉和皇十七子果亲王护送达赖，并明文将其权力限定于宗教事务，命达赖之父索南达结常驻桑耶寺，每年只许到拉萨一次。西藏一切行政事务，在驻藏大臣监督下由颇罗鼐全理。

到清乾隆元年（1736），七世达赖格桑嘉措已经28岁了。他到扎什伦布寺去会见了他的师傅五世班禅，班禅为他传授了许多显密佛法，他也为班禅诵了《祝寿正言》。次年七月，五世班禅圆寂，新找到的转世灵童经各方认定后，达赖告之驻藏大臣，奏请皇帝批准。达赖还为被认定的六世班禅起法名洛桑贝丹益希。乾隆十四年（1749），六世班禅到拉萨拜见了七世达赖，听达赖为其讲经半年，并建立了师徒关系。

乾隆十六年（1751），全理西藏事务的颇罗鼐去世后，其子那木扎勒上台诛杀异己，仇视达赖，谋杀驻藏大臣，并与准噶尔部联络，准备发动叛乱。七世达赖得知信息后，果断命班智达管理卫藏事务，下令逮捕了谋杀驻藏大臣的凶手，并奏请朝廷处置，朝廷很快平息了叛乱。这次事件后，朝廷下令由七世达赖掌管西藏地方政权，并成立了噶厦

欢喜金刚壁画

神佛共居
影像香巴拉
SHENFO GONGJU

政府，从此开始格鲁派掌握了地方政权。

七世达赖掌握政权后，也扩大了格鲁派的教权，从而抑制了世俗地方势力，但格桑嘉措不是一个贪恋权力的人，虽政教两权一手掌握，但他更有兴趣的是弘扬佛法，大量精力都投入到宗教事务中了，他修订了五世达赖所制定的格鲁派寺院规章制度，这是他认为最重要的事。至于他个人生活，那是可称大德典范的，他生活俭朴，谨言慎行，位及帝师而无丝毫傲慢。

乾隆十八年（1753）后的几年间，七世达赖一直是病魔缠身。乾隆对其特别关心，不仅指示章嘉活佛率驻京喇嘛做法事为其祈祷，还两次派使臣携礼物进藏看望。第一次派乾清门侍卫富经等人到西藏转达了皇帝的问候后，七世达赖万分感动，当即下床面向皇帝方位合十站立，表示说：大圣皇帝甚为怜悯我小喇嘛。去年，闻我患病，多次问候，并降仁旨，谕我好生养息。我正惶恐忧虑不能报答圣恩之际，今知我病复发，即特派身边大臣携药前来看我……圣上施如此之重恩，小喇嘛我唯日夜聚集众僧，为圣上江山永固而诵经……乾隆二十二年（1757）春，乾隆特使看望达赖后不久，达赖就病逝了，乾隆皇帝派人携金大缎8匹、无金大缎12匹、大缎100匹、白银1万两进藏悼念，并颁谕旨对格桑嘉措给予了很高的评价，认为他是藏区佛教事业的杰出领袖，为西藏黎民安乐太平做出了重要贡献。

七世达赖虽只活了50岁，但他经历了康、雍、乾三朝，他与朝廷的关系是决定他一生成败的关键，如果没有朝廷的支持，在僧俗几种势力和宗教派系的复杂斗争中，他很难站稳脚跟并有所作为，更不能发展到后来黄教独大且独掌政教大权，同样，如果没有七世达赖听命于朝廷，密切与朝廷配合，西藏的稳固是不可想象的，藏汉的民族团结也可能是另一种局面。所以，学者们对格桑嘉措一生的评价是积极的，认为他巩固了西藏地方与中央政府的关系，在格鲁派内部加强了与班禅的团结，在维护祖国统一和民族团结方面做出了较大贡献，堪称一代杰出的宗教领袖。

九世达赖隆朵嘉措

金瓶掣签制是清廷为预防达赖喇嘛认定过程中出现徇私舞弊而采取的一项措施。这种制度规定：灵童必须寻到三人以上，将寻找到的多名灵童的姓名及出生日期和地址，用藏、汉、满三种文字写于签牌上装入皇帝所赐金瓶内，然后选派高僧诵经七天，之后由驻藏大臣、地方官员、三大寺高层、班禅喇嘛、灵童父母等共同为证，当众抽签，抽出的签上写的是谁，谁就是被最终认定的达赖转世灵童。

地狱主壁画

这项制度是八世达赖时期建立的，但到九世达赖隆朵嘉措被认定时，在西藏僧俗两界高层的要求下这项制度被打破了。这事要从八世达赖说起——

清嘉庆九年（1804），八世达赖强白嘉措圆寂，三年后有关方面在四川德格县邓柯找到了转世灵童，这位灵童是邓柯地方土司丹增曲结和其妻团柱卓玛之子。这个被认定为灵童的孩子被传得很神奇，说他落地即能呼“阿妈”、诵六字真言，并能认出上辈使用过的法器。这些传说自然离谱，但这个孩子过人的聪慧肯定是事实。他两岁时被迎到拉萨贡塘寺暂住，其间，七世班禅丹白尼玛、西藏摄政济咙呼图克图，以及色拉、哲蚌、甘丹三大寺的高僧，都曾分别观察过灵童，都认为灵童与众不同，灵异特征显著，应为九世达赖的转世。于是僧俗两界上层向驻藏大臣提出要求：请求免于金瓶掣签，大臣上奏后嘉庆皇帝同意了，并派成都将军特清额进藏传旨，同时赐予哈达、长寿佛、宝石念珠、金刚铃杵等物。灵童的父亲丹增曲结也被清廷封为公爵，西藏政府给了很多良田、庄园，遂成为西藏大贵族。

清嘉庆十三年（1808）九月二十二日，隆朵嘉措离开贡塘寺来到布达拉宫日光殿，举行了隆重的坐床典礼仪式。这天，七世班禅丹白尼玛住在他在大昭寺特设的行宫里，指派他的哥哥前去参加了九世达赖的坐床仪式，并赠送了礼品。二十四日，是噶厦政府选定的达赖剪发并取法名的日子，七世班禅前往贡塘寺与达赖见面，并为其剪发授沙弥戒，取法名罗桑丹觉乃阿旺隆朵嘉措，简称隆朵嘉措。之后，隆朵嘉措进入哲蚌寺学经。

嘉庆十八年（1813）九月，七世班禅应噶厦政府之邀从扎什伦布寺来到拉萨大昭寺，九世达赖隆朵嘉措也从布达拉宫来到大昭寺，师徒二人再次见面，班禅为达赖授了沙弥戒。

嘉庆十九年（1814），英国以印度与尼泊尔边界纠纷为借口，向尼泊尔宣战。在英尼交战期间，即嘉庆二十年（1815）二月，年仅11岁的隆朵嘉措突然在布达拉宫暴亡，一时间僧俗两界震动。

嘉庆皇帝得知达赖圆寂，深感意外和懊悔。当年他听信驻藏大臣奏请，才同意免于掣签的，“如所奏具属确实，自应长久住世，宣扬黄教，何以不能永年？可见前次玉宁所奏多有不实，朕一时轻信，至今犹以为悔”。皇帝后悔且自责，但也无奈，只得下旨深表悼念，并赏给财物以供后事，同时任命原掌办西藏地方政府商上事务的第穆呼图克图摄政。

十世达赖楚臣嘉措

九世达赖圆寂后，嘉庆二十三年（1818），第穆呼图克图派人寻找灵童有了结果：理塘县内都拉布村头人罗桑年扎两岁多的孩子刚好符合条件。同样，关于这个孩子，也有不少灵异传说，一说他出生时屋里木柱突然流出乳汁，二说他身、语、意多现灵异现象，等等。西藏三大寺及上下密院的上层僧人一致同意，请求按九世达赖之例免于金瓶掣签。驻藏大臣就奏请皇帝请予批准，结果遭到嘉庆皇帝的痛斥。嘉庆皇帝有了上次免予掣签的教训，不再相信下面的奏请，认为他们“每多附会”，“今理塘所报幼孩，其所述灵丹，何足征信”，“毋许再渎，若来京求情，即查拿治罪”。皇帝态度如此严厉，谁也

佛塔

经幡

不敢抗命，只得继续寻找灵童，只有找到三人后才可掣签。一月之后找到5个候选灵童，筛选后选定3个，一个理塘的，另两个是昌都的。皇帝下令，将三个灵童送至拉萨按制度进行金瓶掣签。清道光二年（1822）正月十五日掣签仪式由七世班禅主持，驻藏大臣、西藏政府官员、三大寺高层全部参加，当驻藏大臣抽出第一签时，上面写有“理塘”二字，便高高举起大声唱签，并交由在场僧俗官员验证，同时验证另外两签。掣签后，5岁的达赖被安排在聂塘寺，有关事项报请皇帝，皇帝一一照准。七世班禅丹白尼玛为达赖剃发受戒，为其取法名为阿旺罗桑丹增楚臣嘉措，二月初三，又给授了沙弥戒。

坐床典礼于清道光二年（1822）八月初八在布达拉宫举行，七世班禅派其兄康建堪布和卓尼多确为代表前去祝贺。道光皇

帝派文干会同成都副都统苏冲阿前往拉萨看视，并赐给十世达赖哈达、佛像、念珠等物，并谕：“前世达赖喇嘛俱经赏用黄轿、黄缰、黄鞍……仍准赏用”，赏给前世达赖喇嘛之金印，也准其“仍前钤用”。同时赏楚臣嘉措之父头品顶戴，封其公爵，允许其随侍达赖。道光九年（1829），楚臣嘉措进入哲蚌寺学经，这年他已13岁。5年之后，拜七世班禅为师，在大昭寺释迦牟尼像前由七世班禅为他授了比丘戒。楚臣嘉措19岁这年，他先后到色拉寺、哲蚌寺、甘丹寺熬茶布施，并在大昭寺集众僧为清皇太后60寿辰颂长寿经，得到朝廷的肯定。他的威信由此开始树立。

然而，道光十七年（1837）九月初一这天，震惊僧俗两界的大意外发生了：楚臣嘉措在布达拉宫突然暴卒！事后传言说他略感身体不适，就在寝殿座椅上圆寂了，学界有可靠资料证明，他是遭人毒害的。当时他还没有亲政，年仅22岁。

十一世达赖凯珠嘉措

十世达赖圆寂后，西藏僧俗上层又找到了三个灵童，一个是甘孜土司之子，一个是甘孜火竹乡的一个孩童，另一个是今道孚县协德乡农户才旦团桂之子那木觉木多尔济。三名灵童出生地方，都有灵童出生时出现灵异征兆的各种说法，其中，道孚协德灵童出生时的灵异传说最为神奇，一说他出生时当地生出奇怪的花，且过冬不枯，又说他出生时白云聚成幡幢形，还说他幼年时对人讲：我是观世音菩萨的化身，等等。按照朝廷旨意，转世灵童的确定要严格按金瓶掣签制度办，于是将三个灵童迎到西藏拉萨。道孚协德灵童到拉萨后住在附近一寺庙中，班禅活佛、摄政诺门罕、驻藏大臣、三大寺高层及政府高层官员，都曾去会见，并将前世达赖用过的物品与相似物品混在一起让灵童辨认，灵童都能准确地认出前辈使用过的物品。之后在大昭寺举行金瓶掣签程序，结果中签的正是道孚协德的灵童那木觉木多尔济，落选的两名灵童返回后分别到甘孜寺和理塘寺当了活佛。

那木觉木多尔济被定为十一世达赖后，请七世班禅丹白尼玛为其剃发，并起法名：阿旺格桑丹贝准美凯珠嘉措贝桑布，简称凯珠嘉措。道光皇帝闻奏后甚为满意，特赏凯珠嘉措哈达、佛像、金刚铃杵、珊瑚念珠，并从四川拨银一万两由理藩院官员送往西藏作为达赖坐床费用。道光二十二年（1842）四月十六日，在布达拉宫举行了坐床典礼。典礼时按惯例西藏僧俗高层及朝廷驻藏大臣都要参加，道光皇帝也派来使臣。使臣不仅带来皇帝圣旨，还带来皇帝所赐的重礼。据记载，当时不到4岁的十一世达赖在聆听皇帝诏书时端庄有礼，举止得体，并跪于坐垫上面向东方给皇帝行礼。次年，皇帝又向西藏僧界高层下旨，要求他们要认真辅导达赖勤习黄教，并叮咛要照顾好达赖饮食起居，“一切小心认真”，“须知达赖喇嘛身体紧要，务必留心侍奉”。次年，道光皇帝又下诏给达赖本人，对达赖习经情况予以肯定，并赐给达赖封号，赏给多种物品。

道光二十六年（1846），年满9岁的凯珠嘉措拜七世班禅为师，授沙弥戒及大威德灌顶。咸丰二年（1852），凯珠嘉措在朝廷守备陪同下，前往色拉寺、哲蚌寺等寺讲经说法，熬茶布施，此后又到多地讲经。这时他只有15岁。咸丰五年（1855），他满18岁时，咸丰帝下谕让其管理政务，并准其使用前世达赖的印信。然而，就在这一

虔诚的信众

年，这个正值青春年少的活佛感到身体不适，多方医治不见好转，年底就突然身亡了。这又一次震动了朝廷，皇帝深感意外，前两个达赖少年时被害，这一世达赖也是青年身亡。朝廷驻藏大臣和有关官员虽对达赖生活起居、侍奉、身亡现场进行了详细勘察，却并没有发现异常，皇帝只好下旨不再追究，并赏银两作为安葬费，将其肉体宝塔供养于布达拉宫，同时命热振呼图克图担任摄政职务。

后来种种证据表明，十一世达赖凯珠嘉措和他两个前辈一样，都是被人毒死的。这样，康巴藏区诞生的四个活佛中就有三个死于非命，这充分反映了西藏统治阶级内部各集团之间斗争的残酷性。朝廷对连续发生的这种暴亡事件深感疑虑，但一时也没有更好的预防措施。

道孚灵雀寺藏历年法会（多吉彭措　摄）

附录：

甘孜州寺庙名录（部分）

康巴藏地是藏传佛教的乐土。在康巴，各教派相继建寺庙1000多座，仅甘孜州境内，就有寺庙522座（据不完全统计），其中宁玛派213座，萨迦派96座，噶举派48座，格鲁派121座，本波派44座。

宁玛派寺庙　康定市9座：金刚寺、业郎寺、生根寺、拉塔寺、巴郎寺等；丹巴县10座：甲斯观寺、金龙寺、沙拉寺、沙冲寺、党龄寺等；雅江县2座：白孜寺、比共寺；道孚县14座：德卡寺、扎拖寺、戈他寺、甲拔寺、金龙寺等；炉霍县14座：卡龙寺、玲珑寺、牛角寺、然哈寺、木娘寺、宗达寺、柯罗洞寺、格清寺等；甘孜县12座：伍格寺、冷达寺、阿色夺龙寺、格鲁寺、中然果寺、昔青寺、木青寺、扎拉寺等；新龙县35座：嘎绒寺、牙窝寺、汤波寺、珠登寺、俄沃寺、俄若寺、甲孜寺、日古寺、阿嘎寺、羌堆寺、如儿寺、古洛寺、所登寺等；白玉县25座：噶拖寺、白玉寺、安章寺、打莫寺、八金寺、俄通寺、龙通寺、更普寺、仲依寺、扎呷寺、热加寺等；德格县15座：竹庆寺、协庆寺、绒戈寺、呷多寺、加绒寺、日照寺、窝公寺、扎西寺、勒干寺等；石渠县17座：阿色寺、宜牛寺、俄查寺、洛郎寺、普公寺、志呷寺、正庆寺、格孟寺、洞嘎寺等；色达县31座：康勒寺、色拉寺、达隆寺、大则寺、竹日寺、龙泻寺、霍西寺、年龙寺、拉则寺、

岔岔寺

塔公寺

仲萨寺

煨桑

窝查寺、洛若寺等；理塘县6座：格木寺、库尔寺、曲扎寺、塘麻寺等；巴塘县15座：降卡寺、竹瓦寺、固顶寺、哈然寺、朗根寺、布日寺、扎呷寺、彭吉林寺等；乡城县8座：白西寺、丁真寺、崩土寺、拿格寺、日然寺、日雨寺等。

萨迦派寺庙　康定市23座：日库寺和其分寺塔公寺、清没公寺、洛夺寺、机只寺、明改寺、明夺寺、思库寺、木枯寺、唐卡寺等；雅江县12座：土巴寺、堆多寺、错俄寺、日雷寺、南真寺、亚叶寺、生根寺；炉霍县1座：牛金寺；甘孜县7座：弄拉寺、格沙寺、严绕寺、日绕寺、夺多寺等；新龙县8座：格桑寺、然勒寺、甲西寺、麻西寺、吉呷寺、觉戈寺等；白玉县3座：朗杰寺、热拖寺等；德格县18座：更庆寺、仲萨寺、俄支寺、拉夏寺、龚垭寺、汪堆寺、银南寺、白垭寺等；石渠县4座：邦米寺、龙岭寺等；理塘县15座：萨迦寺、纳呷寺、加须寺、所萨寺、贡沙寺、梅吉寺、更沙寺等；乡城县1座：亚冲寺；稻城县3座：扎朗寺、热乌寺、朗岭寺。

噶举派寺庙 康定市2座：贡嘎寺（新寺、老寺）；新龙县1座：措卡寺；雅江县3座：郎吉寺傍母林寺、地达寺；白玉县1座：绒学寺；甘孜县4座：桑珠寺、白格寺、格桑寺等；巴塘县1座：宾巴寺；德格县11座：八邦寺、甲曲寺、班觉寺、白尼寺、曲欧寺、岔岔寺等；石渠县6座：岭机寺、呷悟寺、则热寺等；稻城县5座：赤登寺、白牧寺、上热乌寺、止贡寺等；得荣县3座：翁甲寺、新街寺等。

格鲁派寺庙 康定市5座：南无寺、居里寺、安觉寺等；丹巴县8座：松安寺、布科寺、彭措岭寺、柯尔金寺、岭钦寺等；九龙县1座：吉日寺；雅江县8座：扎西寺、班东寺、米珠寺、崇新寺、苏洛寺、扎呷寺等；道孚县8座：惠远寺、灵雀寺、红顶寺、高尔卡寺、下拖寺、杜呷寺、铜佛山觉姆寺等；炉霍县5座：卡娘寺、寿灵寺、觉日寺、瓦达觉姆寺等；甘孜县15座：白利寺、大金寺、甘孜寺、扎觉寺、英珠能寺、桑珠寺、孔马寺、东谷寺、大吉岭寺、洛俄寺、哈都觉姆寺、严吉觉姆寺等；德格县4座：更沙寺、翁东寺、杜萨寺、年古寺；石渠县21座：觉悟寺、麻达寺、八若寺、温波寺、呷依寺、色须寺、菊母寺、俄日寺、膀勒寺、志玛寺、向秋寺、蒙尼寺、尼冲寺、德根寺等；理塘县18座：长青春科尔寺、江久寺、安觉寺、江久寺、麻通寺、俄日寺、绕吉寺、彭措岭寺、俄共寺、列普寺、忠扎寺、绒久扎冲寺等；巴塘县8座：康宁寺、仁波寺、欧曲寺、自林贡寺、桑登寺等；乡城县15座：桑批寺、德庆寺、热打寺等；稻城县4座：雄登寺、贡岭寺、从古寺、曲岭寺；得荣县1座：龙绒寺。

本波派寺庙 丹巴县11座：达吉岭寺、甲多洛寺、德若莫寺、切都寺、镇布寺、布各龙寺、龙若寺等；德格县10座：登青寺、根秋寺、措通寺、满金寺、塔德寺、色措寺、日班寺等；新龙县8座：益西寺、纳卡寺、甲衣寺、古交寺、木勒寺、瓦曲寺、瓦秋寺等；白玉县4座：达依寺、卡热寺、龚远寺等；道孚县4座：其美寺、格扎寺、然扎寺等；炉霍县3座：墨金寺、吉绒寺等；雅江县2座：夺然寺、唐岗寺；九龙县1座：野八庙；理塘县1座：崩波寺。

甘孜大金寺

参考书目

◇《德格县志》，四川省德格县志编纂委员会编，四川人民出版社，1995年5月版。

◇《丹巴县志》，四川省丹巴县志编纂委员会编，民族出版社，1996年6月版。

◇《墨尔多神山》，李茂、杨先郎布、舒福秋编，1997年内部印刷。

◇《走进康巴》，陈焕仁著，巴蜀书社，2004年8月版。

◇《西藏佛像集粹》，贾林编著，四川美术出版社，2005年10月版。

◇《唤醒沉睡的善地》，泽尔多吉著，德格县格萨尔学会印行，2003年。

◇《迪庆：香格里拉》，合和主编，云南大学出版社，2001年10月版。

◇《新编怒江风物志》，赵伯乐主编，云南人民出版社，2000年6月版。

◇《神与人的和弦：走进心中的香格里拉》，王达人、扎西尼玛著，云南民族出版社，2000年2月版。

◇《藏族：佛光里的诗化人生》，杨学政、格茸拉姆著，云南教育出版社，1995年5月版。

◇《怒族》，段伶著，民族出版社，1991年1月版。

◇《丽江》，中国图志系列丛书编委会编，群言出版社，1999年4月版。

◇《一个民族的脊梁》，郑海、殷海涛著，云南教育出版社，1995年5月版。

◇《怒江傈僳族》，司忠诚主编，民族出版社，2004年1月版。

◇《彝族：多元文化中的情韵》，杨士杰著，云南教育出版社，1995年5月版。

◇《香巴拉神殿：德格》，热贡·多吉彭措摄影，四川民族出版社，2004年5月版。

◇《丽江史话》，杨世光著，云南人民出版社，2001年5月版。

◇《恢宏千年茶马古道》，亮炯·朗萨著，中国旅游出版社，2004年8月版。

◇《康藏佛光》，杨健吾著，巴蜀书社，2004年8月版。

◇《消失的地平线》，[英] 詹姆斯·希尔顿著，罗尘编译，陕西师范大学出版社，1999年10月版。

◇《独龙族：自然怀抱中的文面女》，罗荣芬著，云南教育出版社，1995年5月版。

◇《佛教知识小百科》，禾三千、吴乔编著，黑龙江美术出版社，2006年12月版。

◇《玉龙山》，2003~2005年。